DUMONT
DIREKT

Fischland
Darß Zingst

Claudia Banck

Inhalt

Das Beste zu Beginn

Darßer Weststrand
Wilder und schöner geht's nicht. Mit unbändiger Kraft formen Wind und Wellen das Land am Meer: Windgeschorene Bäume säumen den feinen Sandstrand, die Steilküste geht über in stille Buchten und sanfte Lagunen.

Auf Gegenkurs
Wanderziele wie der Leuchtturm Darßer Ort am Weststrand oder das Hohe Ufer zwischen Ahrenshoop und Wustrow ziehen die Urlaubermassen an. Doch am frühen Morgen und am Abend ist es hier oft wunderbar still. Und auch das Licht zum Fotografieren ist um diese Zeit am schönsten.

Chillen wie Albert Einstein
»Hier ist es wundervoll, kein Telephon, keine Verpflichtung, absolute Ruhe. Ich liege am Gestade wie ein Krokodil, lasse mich in der Sonne braten, sehe nie eine Zeitung und pfeife auf die sogenannte Welt.« Albert Einstein, 1918 – ohne Medien – tiefenentspannt in Ahrenshoop.

Mut zur Größe
Es weht ein frischer Wind im Land der Backsteingotik und schmucken Kapitänshäuser. Ein puristischer Kubus mit bernsteinroten Glaswänden beherbergt die Tourist-Information in Ribnitz. Das neue Kunstmuseum in Ahrenshoop ist in Baubronze gehüllt, das Max Hünten Haus in Zingst setzt auf Holz und bunte LED-Streifen. Nicht alle, aber viele freuen sich über den baulich markanten Aufbruch in ein neues Zeitalter.

Stille Winkel
»Möge es gelingen, die Neue Straße (in Wustrow) vor einer Asphaltierung zu bewahren, damit ihr Charme nicht irgendwelchen banalen Nützlichkeitserwägungen zum Opfer fällt …« wünscht sich Kristine von Soden in ihrem lesenswerten Buch »Stille Winkel auf Fischland, Darß und Zingst« (2010). Das Buch zu lesen, ist ein kleiner Urlaub für die Seele.

Idylle am Bodden
Wenn an einem sonnigen Wochenende im Sommer die Strände überfüllt sind, die Fahrradwege verstopft, die Autostraßen sowieso – dann steigen Sie doch einfach auf den Wustrower Kirchturm und schauen sich das Fischland in aller Ruhe von oben an, bummeln dann am Bodden entlang nach Barnstorf mit seinen zauberhaften Gehöften, blühenden Stockrosen und uralten Birnbäumen.

Wenn die Kraniche ziehen
Ihr Zwischenstopp im Herbst auf dem Weg in den Süden bietet ein grandioses Naturschauspiel für Vogelfreunde und Fotografen. Es ist ein magischer Moment, wenn die Sonne am Horizont verschwindet und die windstille Boddenlandschaft in mildes Abendlicht taucht. Ein Trompetenruf aus der Ferne kündigt die herannahenden Kraniche an. Kann man nur für die Kraniche Urlaub nehmen? Ja. Wir tun es und genießen die letzten goldenen, sonnenwarmen Tage des Jahres.

Die Ostseewellen
Im Gegensatz zur Nordsee ist die Ostsee immer da. Man steht am Strand und muss nicht auf das Wasser warten, weil gerade Ebbe ist. Ganz egal wann man kommt, es ist immer richtig.

Barfuß flanieren am Strand
Vielleicht finden Sie einen glücksbringenden Hühnergott, einen Bernstein, ein Stück vom Meer abgeschliffenes Glas oder ein von Salz gebleichtes Stück Treibholz. Das sind die schönsten Souvenirs.

Arbeit und Vergnügen – das passt zusammen, wenn ich an einer geführten Tour teilnehme. Einfach nur zuhören, gucken, fragen, nebenbei mit anderen Gästen schnacken und Reisetipps austauschen …

Fragen? Erfahrungen? Ideen?
Ich freue mich auf Post.

Mein Postfach bei DuMont:
cbanck@dumontreise.de

Das ist Fischland-Darß-Zingst

In einem sanften Bogen erstreckt sich die 50 Kilometer lange, stellenweise nur einen halben Kilometer schmale Halbinselkette zwischen Ostsee und Bodden. Ursprünglich waren sowohl der Kern des Fischlands als auch der Darß und der Zingst einzelne Inseln. Erst durch die Schließung der schmalen Flutrinnen im 14. Jahrhundert (Fischland und Darß) und im 19. Jahrhundert (Zingst) wuchsen sie dauerhaft zusammen. Über einen Damm beziehungsweise eine schmale Landenge sind sie mit dem Festland verbunden.

Jede der drei ehemaligen Inseln hat ihren eigenen Charakter und auch ihren eigenen Namen bewahrt, nur durch einen Bindestrich zusammengefügt. Was sie noch vereint, ist die atemberaubende Lage zwischen schilfgesäumtem Ufer und stillen Buchten am Bodden und dem Ostseestrand. Feinsandig, weiß und kilometerlang.

Geschaffen von Wind und Meer

Fischland, Darß und Zingst entstanden nach der letzten Eiszeit. Ihre endgültige Form erhielten sie nach der großen Sturmflut von 1872, in deren Folge die letzten Flutrinnen (durch Versandung, Deich- und Dammbau) zwischen den Inseln geschlossen wurden. Das Land ist nach wie vor im Wandel.

An stürmischen Tagen, wenn die Wellen an das Hohe Ufer des Fischlandes oder den Darßer Weststrand schlagen, kann man regelrecht dabei zusehen, wie das Meer am Land frisst. Unterhöhlte Steilufer, abgestürzte Baumriesen auf dem Strand - blank und bleich geschliffen von Seewasser und Sonne - künden von den Naturgewalten. Wellen und Strömungen tragen den ›erbeuteten‹ Sand gen Norden, wo er sich vor allem am Darßer Ort wieder ablagert und das Land nach Norden in die Ostsee wachsen lässt: über drei Kilometer in den letzten 300 Jahren. Vom über 100 Jahre alten Leuchtturm am Darßer Ort bietet sich ein grandioser Blick auf das Land im Wandel.

Das Fischland

Der westliche Teil der Halbinselkette ist recht klein: nur fünf Kilometer lang und zwischen 500 Meter und zwei Kilometer breit. In den ehemaligen Fischerdörfern Wustrow, Althagen und Niehagen lebten Fischer und Seefahrer in rohrgedeckten Katen und Büdnereien.

Die durch Seefahrt und Handel wohlhabend gewordenen Schiffer bauten charmante steinerne Häuser mit Ziegeldächern. Nach protzigen Bauten stand ihnen nicht der Sinn, das ist bis heute so geblieben. Das bitterarme Fischerdorf Ahrenshoop wurde Ende des 19. Jh. von Künstlern für sich entdeckt. Bis heute ist das Ostseebad ein Ort geblieben, der Künstler und Kunstliebhaber anzieht. Ein Publikumsmagnet ist auch das neue Kunstmuseum Ahrenshoop.

Trubel am Meer, Stille am Bodden, die Schriftstellerin Käthe Miethe sinnierte 1949 über das Leben und kleine Auszeiten auf dem Fischland:

Voll das Klischee? Ja schon. Tut dem Glück, hier zu sein, aber keinen Abbruch.

»Der Bodden ist uns näher als die See. So kann man manchen Tag seines Lebens damit verbringen, am Osthang seines Gartens zu sitzen und auf den Bodden und seine Boote zu schauen … Man hat einen Tag des stillen Schauens niemals vergebens, niemals sinnlos verbracht. Es kehrt dabei ein Frieden in die Seele ein, der sich in jeglichem Tun segensreich auswirkt.«

Der Darß - wilder Wald am Meer

Sehr viel dünner besiedelt ist der Darß mit dem urwaldähnlichen Darß-wald, einer Kernzone des Nationalparks Vorpommersche Boddenland-schaft. An dessem östlichen Rand erstreckt sich das weitläufige, hübsche Seebad Prerow, berühmt für seine atemberaubenden Strände, den Nord-strand und den (wilden!) Weststrand.

Vom Touristenstrom vergleichsweise wenig berührt sind die stillen Bod-dendörfer Wieck und Born. Eingebettet in Wiesen und Wald bezaubern die Dörfer mit charmanten Häfen, rohrgedeckten Fischerhäusern und farbenfrohen »Sonnentüren«.

Der Zingst

Das östlichste und mit einem Alter von etwa 4000 Jahren jüngste Glied der Halbinselkette zieht Naturfotografen von weither an. Das Ostseeheil-bad Zingst erstreckt sich zwischen weißem Ostseestrand und dem Hafen am Bodden mit der Vogelinsel Kirr in Sichtweite. Im Osten schließen sich die Sundischen Wiesen an.

Pramort, der östlichste Zipfel der Halbinsel ist der größte Kranichrastplatz Mitteleuropas und das Herzstück des Naturschutzgebiets Vorpommersche Boddenlandschaft. Der größte Nationalpark an der deutschen Ostseeküste erstreckt sich von den Halbinseln Darß und Zingst über Hiddensee bis zur Westküste Rügens.

Fischland-Darß-Zingst in Zahlen

1

Frau wurde als Hexe verurteilt. Tillsche Schellwegen aus Wustrow: Anno 1664 Mayus den 17ten ist sie wegen des Lasters der Hexerei verbrannt worden.

1,3

Meter kann die Luftröhre des Kranichs lang sein. Daher sein enormes Stimmvolumen.

7,7

Millionen Euro kostete der Bau des 2013 eröffeten Kunstmuseums Ahrenshoop.

8

Boote nahmen 1965 an der 1. Bodstedter Zeesbootregatta teil, zum 50. Jubiläum waren über 50 Segler am Start.

11

Euro kostet ein Strandkorb pro Tag.

16

Kilometer nördlich der Halbinsel Darß liegt Baltic 1, der erste deutsche Offshore-Windpark.

18

Kilometer feinste Sandstrände bietet die Halbinselkette für Sonnenanbeter, Burgenbauer und Bernsteinsucher.

100

Meter misst die schmalste Stelle der gesamten Halbinsel zwischen Prerow Strom und Ostsee.

2490

Gramm Bernstein fand ein Prerower Fischer am 3. Februar 2001 innerhalb einer Stunde am Darßer Weststrand.

130

Vogelarten brüten auf dem Darß, der 1996 zu einem europäischen Vogelschutzgebiet ersten Ranges erklärt wurde.

3000

Einwohner hat Zingst, der größte Ort der Halbinselkette.

50 000

Euro kostet eine 100 Meter lange Bühne an reinen Materialkosten. 35 dieser Pfahlreihen sollen zwischen Wustrow und Ahrenshoop dafür sorgen, dass der Sand nicht von der Strömung weggerissen wird.

300

Millimeter Brennweite sollten Teleobjektive mindestens haben, um Kraniche gut zu fotografieren, besser 400 mm.

126

Treppenstufen führen auf den Leuchtturm Darßer Ort.

So schmeckt Fischland-Darß-Zingst

Erstklassig, regional und bio, so kann es sein: Zander aus dem Bodden, Wild aus dem Darßer Wald, Bio-Rinder- und Büffelfleisch des Gut Darß sowie fruchtiges Sanddornsorbet. In den Genuss regionaler, feiner Küche kommen Feinschmecker nicht nur während der Kulinarischen Wochen von Mitte Oktober bis November. Denn das ganze Jahr über sind die Köche in Aktion. Und lieben dabei die Kombination süß und sauer.

Ein Klassiker auf die Hand
Aus den Räucheröfen der Fischer zieht der Rauch und duftet wunderbar nach Wacholderstrauch- und Buchenholzspänen. An fast jedem Boddenhafen bekommt man geräucherten Fisch und Fischbrötchen, in Althagen ebenso wie in Dierhagen, Wustrow und Zingst. Eine perfekte Mahlzeit für zwischendurch.

Ostseeluft macht hungrig
In den Gaststätten galten lange große Portionen mit schön viel Soße und ordentlich Speck als Inbegriff für gutes Essen. Mittlerweile geht es leichter und kreativer zu, aber man muss schon satt werden, finden die Inselbewohner.

De Mäkelbörger un sine Tüffeln
Die Kartoffel alias Tüffel oder Tüften spielt in der mecklenburgischen Küche eine zentrale Rolle. Die Zusammenstellungen der Zutaten sind bisweilen eigenwillig, süß und sauer ist beliebt: mecklenburger Rippenbraten gefüllt mit Trockenobst und Rosinen, Eintopf mit Birnen, Bohnen, Kartoffeln und Speck. Armeleuteessen waren Himmel und Erde (Kartoffeln mit Äpfeln) sowie Tüften un Plum – eine dicke Kartoffelsuppe mit Pflaumen und Speck.

Fisch in allen Variationen
Wer an der Küste Urlaub macht, möchte Fisch essen. Kann er auch, Fisch dominiert die Speisekarte. Von Aal bis Zander kommt alles auf den Tisch, was Ostsee und Boddengewässer hergeben: gebraten, gegrillt, gebacken, frittiert, gedünstet, gekocht oder traditionell geräuchert. So mancher Wirt wird noch von einem Fischer vor Ort beliefert oder fährt im eigenen Kutter

KULINARISCHE SCHATZKISTE

Das Kochbuch für Fischland-Darß-Zingst (Katrin & Peter Hoffmann, Stralsund 2013) ist eine Schatzkiste, ein Buch über früher und heute, prall gefüllt mit Familienrezepten, aber auch regionalen Spezialitäten von Spitzenköchen und kleinen Manufakturen. Es ist ein Genuss: das Lesen, das Nachkochen. Anstoß zu diesem Kochbuch lieferte die in Wustrow lebende Adelheid Permin. Sie hat das dicke Rezeptbuch ihrer Schwiegermutter Minna Permin, die Mamsell beim Grafen auf Schloss Hohendorf war, aus dem Sütterlin übertragen und das Ehepaar Hoffmann auf die vielen Rezepte aufmerksam gemacht. Das rechts oben stehende Rezept für Heringssalat stammt zum Beispiel von Opa Bernhard, der als Schiffskoch zur See fuhr. Ob man sich auch am Matjes-Eis versuchen sollte …? Sehr lecker ist auf alle Fälle Anna Hückstädts Platenkauken, den früher schon die Schnitter bei der Heuernte aufs Feld mitnahmen.

raus. Fragen Sie die Einheimischen, wer (wirklich) frischgefangenen Fisch serviert! Eine regionale Spezialität ist der pfeilförmige Hornfisch, der Anfang Mai zum Laichen an die Ostseeküste kommt. Man isst ihn mitsamt den feinen grünen Gräten. Weil er massenhaft vorkommt, kann er auch leicht selber geangelt werden.

Vergessen Sie den Kaviar

Der wichtigste Ostseefisch ist der Hering, einst eine Art ›Armeleutefisch‹. Das Silber des Meeres wird im Frühjahr gefangen und dann frisch gebraten oder geräuchert. Eingelegt kommt er als Brathering oder als Rollmops auf den Tisch. Unwiderstehlich ist er als Tatar, mit Birnen, Bohnen und Speck oder auch an Mango-Chili-Salat. Wie der Hering früher eingelegt und zubereitet wurde, erfährt man Mitte/ Ende April am »Heringsdag in dat Museum« im Freilichtmuseum Klockenhagen.

Barther Küstenbier

Die einheimischen Biersorten waren schon zu Zeiten der Hanse berühmt. Das Barther Bier wurde bis in die russische Stadt Nowgorod und ins französische Marseille exportiert. Der Feldherr Wallenstein soll bei der Belagerung Anklams im Jahr 1628 eine Ladung Barther Bier angefordert haben. Könnte er heute wieder tun: Seit 2007 wird in Barth nach alter Tradition das »Barther Küstenbier« gebraut.

Schön orange – die Zitrone des Nordens

Mit seinen ab Ende August lockend

Viele Gastronomen und Produzenten haben sich der Initiative ländlichfein angeschlossen, die regionale Produkte in Bio-Qualität verarbeitet, siehe www.laendlichfein.de.

HERINGSSALAT

Ein Klassiker der norddeutschen Küche, auch an heißen Sommertagen:

Zutaten für 2 bis 3 Personen
5 Matjesfilets
3 säuerliche Äpfel
8 Gewürzgurken
1 Zwiebel
1 Apfelsine (oder Pfirsich aus der Dose)
Öl
3 hartgekochte Eier

Zubereitung
Die Matjesfilets fein zerkleinern. Gurken, Äpfel, Zwiebel klein hacken, Apfelsine klein schneiden. Alles mit etwas Öl vermengen und vor dem Servieren die hart gekochten, klein gehackten Eier unterheben.

orangefarbigen Beeren ist das saure Powerfrüchtchen nicht nur eine wahre Augenweide, sondern auch extrem reich an Vitamin-C. Wer sich vorstellt, mal eben schnell ein Eimerchen vollzupflücken, wird sich allerdings wundern. Es ist zeitraubend und mühselig, die Beeren aus den dornigen Ästen herauszupulen. Kenner ziehen dicke Handschuhe an und ›melken‹ Ast für Ast. Wer es einmal probiert hat, weiß die zahlreichen Sanddornspezialitäten zu schätzen, die überall auf Märkten und in Läden angeboten werden. In der Darßer Manufructur in Wieck werden die Vitamin-C-reichen Beeren zu köstlichen Konfitüren und Gelees und Likören verarbeitet (www.darsser-manufructur-neu.de, www.ostseemuehle.de).

Fischland-Darß-Zingst-Kompass

Navigieren
mit echtem Horizont

#2
Fischland ahoi – **auf dem Kirchturm zu Wustrow**

#3
Wo die alten Katen stehen – **die Neue Straße**

Schifferwiege

#1
Wo Frösche blau machen – **Ribnitzer Großes Moor**

»Uog, uog, uog«

WOMIT FANGE ICH AN?

1 2 3

--- HAUS AM KLIFF---

15 14 13 12

#15
Aussichtsreich – **am Barhöfter Steilufer**

Silbergraue Schönheiten

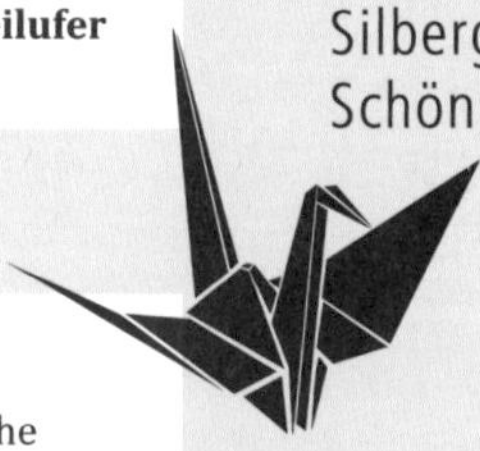

Das Geheimnis der Nonnen

#14
Wo die Kraniche futtern – **beim Kranorama**

Könnte hier das Ende der Welt sein?

#13
Nonnenstaub erzählt Geschichte – **im Kloster Ribnitz**

#12
Ein weites Land – **durch die Sundischen Wiesen**

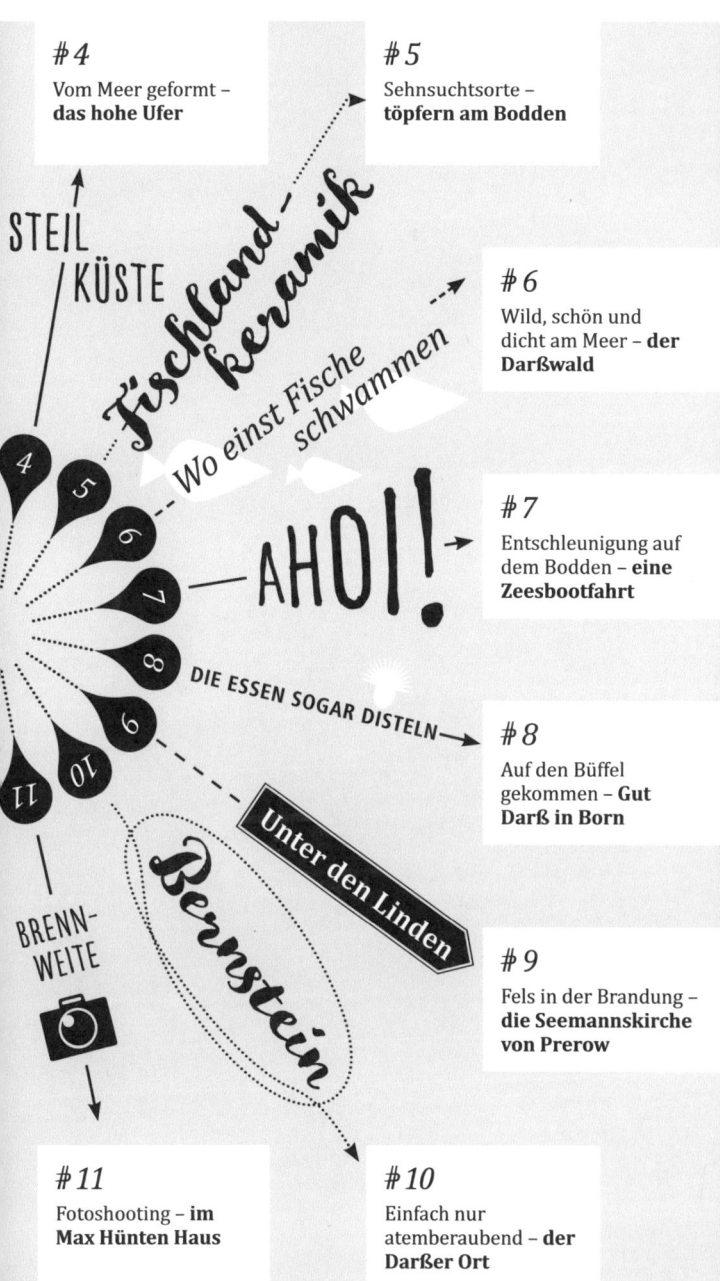

#4

Vom Meer geformt –
das hohe Ufer

#5

Sehnsuchtsorte –
töpfern am Bodden

#6

Wild, schön und
dicht am Meer – **der
Darßwald**

#7

Entschleunigung auf
dem Bodden – **eine
Zeesbootfahrt**

#8

Auf den Büffel
gekommen – **Gut
Darß in Born**

#9

Fels in der Brandung –
**die Seemannskirche
von Prerow**

#11

Fotoshooting – **im
Max Hünten Haus**

#10

Einfach nur
atemberaubend – **der
Darßer Ort**

STEIL
KÜSTE

Fischland-
keramik

Wo einst Fische
schwammen

AHOI!

DIE ESSEN SOGAR DISTELN

Unter den Linden

Bernstein

BRENN-
WEITE

Das Fischland

Auf der Insel, die damals noch Swante Wustrow – heilige Insel – hieß, lagen die Fischerdörfer Wustrow, Niehagen und Althagen. Sie bildeten den Kern des historischen Fischlands. Heute gehören auch das als Künstlerort berühmt gewordene ehemalige Fischerdorf Ahrenshoop und die Boddendörfer Dierhagen und Dändorf am Eingang zur Halbinselkette dazu. Viele Jahrhunderte lebten hier Fischer und Seefahrer in ihren rohrgedeckten Büdnereien und Katen.

Dierhagen 🗺 B/C 6

Das Ostseebad (1500 Einw.) erstreckt sich zwischen Bodden und Meer im Vorland der Halbinselkette. Die Bäderstraße (L21) führt mitten hindurch – ohne einen der sechs weit verstreuten Ortsteile direkt zu berühren. Wer sich nicht bewusst für einen Abzweig Richtung Bodden oder Richtung Meer entscheidet, ist schnell vorbeigefahren.

Idylle am Bodden

1311 ist die Siedlung Dierhagen erstmals erwähnt worden. Der Geschichtspfad umfasst 42 historisch bedeutsame Plätze mit Infotafeln in allen sechs Ortsteilen (Begleitheft, erhältlich in der Tourist-Info). Den historischen Kern bilden die alten Fischerorte Dierhagen Dorf und Dändorf. Beide liegen am Saaler Bodden und besaßen in der Blütezeit der Segelfahrt 71 Schiffe. Die Seefahrt ist Geschichte, aber der nette kleine Hafen in Dierhagen Dorf lohnt noch immer einen Stopp zum Surfen, Zeesenboot fahren, Fischessen mit Boddenblick. Fünf Spazierminuten vom Hafen entfernt befindet sich die Dorfkirche von 1850 (der Turm kam erst 1928 dazu). Der Innenraum ist schlicht, ins Auge fällt das Modellschiff »Fregatte von Dierhagen 1799«. Es soll aus Dankbarkeit für die Hilfsbereitschaft der Dorfbewohner von Seeleuten gestiftet worden sein, die sich um 1811 im nahen Wald versteckt hielten, um der Zwangsrekrutierung durch die Franzosen zu entgehen. Der nur etwa 3 Kilometer weiter westlich gelegene Dändorfer Hafen, in dem heute auch in der Hochsaison wenig los ist, war einst ein bedeutender Umschlagplatz für Siedesalz (aus Sülze). Die historische Salzstraße führte von der Recknitz kommend über den Bodden nach Dändorf und von dort weiter bis zur Ostsee (bei Neuhaus). Der vermutlich zu Beginn des 19. Jahrhunderts vom Hafen bis zum damaligen Dorfanfang gepflasterte Straßenabschnitt steht heute unter Denkmalschutz – zu beiden Seiten Kapitänshäuser und einstöckige Wohnhäuser mit gepflegten Vorgärten. (Tipp: Ausführliche Informationen findet man unter www.dierhagen-doerp verein.de/geschichtspfad).Ganz in der Nähe zeigt das im ehemaligen Feuerwehrgerätehaus untergebrachte Geschichtshaus eine Ausstellung zur historischen Salzstraße sowie fotografische Ansichten aus der Frühzeit des Ostseebads (Koppelweg 1, Mai–Sept., tagsüber geöffnet).

Am Meer

Neuhaus, Dierhagen-Strand und Dierhagen-Ost sind der Ostsee zugewandt. Die Ortsteile wurden viel später besiedelt. Sand, Dünen und Moore boten keine Existenzgrundlage. In Neuhaus gab es im 16. Jahrhundert einen Schäferhof, Dat Niege Hus, der später Niehusen genannt wurde. Der touristische Hauptort ist Dierhagen Strand. Hier findet man die Kurverwaltung mit gut ausgestatteter Tourist-Information im Haus des Gastes. Das als Ferienheim des FDGB erbaute Haus steht heute unter Denkmalschutz. Seit seiner Einweihung im Jahr 1957 trägt es den Namen Ernst Moritz Arndts (1769–1860, der sich gegen die Leibeigenschaft aussprach, wegen antisemitischer Äußerungen aber in der Kritik steht. Die größte Attraktion ist der weiße, feinsandige Badestrand.

P PROZENT

Bereits seit DDR-Zeiten ist der Tourismus der Trumpf der Gemeinde Ostseebad Dierhagen. 90 Prozent der Beschäftigten arbeiten in den Dienstleistungssektoren Handel, Verkehr, Gastgewerbe, Kultur- und Gesundheitseinrichtungen. Und lediglich zwei Prozent als Landwirte und Fischer.

Wechsel von Wolken und Sonne, eine leichte Brise, einfach perfekt. Wohin fahren wir heute?

SCHLAFEN, SCHLEMMEN, SHOPPEN

 In fremden Betten

Luxus für Familien mit Kindern
Strandhotel Fischland
Eine große, familienfreundlich geführte Hotelanlage hinter den Dünen mit 58 Zimmern und 9 Suiten. Im Hotelpark liegen 55 Apartments sowie 6 Landhausvillen für bis zu 8 Pers. Der großzügige Wellnessbereich mit Schwimmbad wird Fischland-Oase genannt. Es gibt mehrere Restaurants: vom Gourmettempel bis zur einfachen Strandbude.
Ernst-Moritz-Arndt-Str. 6, Dierhagen Strand, T 038226 520, www.strandhotel-fischland.de, DZ, Suiten 276–490, FeWo/Haus 210–450 €

Auszeit ohne Kinder
Strandhotel Dünenmeer
Ein Wellnesshotel der Premiumklasse. Die schönsten Zimmer bieten grandiosen Meerblick. Die Umgebung ist ruhig, für den Spabereich inkl. Schwimmbad gilt ein Mindestalter von 16 Jahren. Zur Anlage gehören geschmackvolle reetgedeckte Dünenapartments (ab

230 €) und Dünenhäuser (ab 445 €), das Restaurant Strandläufer hat eine eigene Patisserie. Nett am Abend: die Kaminlounge.
Birkenallee 20, Dierhagen Neuhaus, T 038226 50 10, www.duenenmeer.de, DZ und Suiten ab 311–518 €

Wohlfühlen am Bodden
Pension Amo Marem/Haus Amo Solem
Blau gestrichen: Eine Pension mit sieben Zimmern, nur ein paar Schritte vom Bodden entfernt. Wellnessbereich mit Fitness, Sauna, Massage und Kursangeboten. Rot gestrichen: Das benachbarte Ferienhaus Amo Solem. Es bietet fünf Ferienwohnungen für 2–4 Pers.
Seestr. 5 a und b, Dierhagen Dorf, T 038226 53 37 76, www.pension-amomarem.de, DZ 169 €; www.haus-amosolem.de, FeWo ab 169–209 €

 Satt & glücklich

Ein Stern am Ostseehimmel
Die Ostseelounge
Die Lage ist nicht nur zum Sonnenuntergang ein wahrer Traum: Im vierten Stock des Strandhotels Fischland mit Terrasse

und weitem Blick über das Meer. Die regional-mediterran inspirierten Speisen von Chef Pierre Nippkow (Restaurant ausgezeichnet mit einem Michelin-Stern sowie 16 Punkten im Gault&Millau) sind ein Gedicht.

Ernst-Moritz-Arndt-Str. 1, Dierhagen Strand, T 038226 520, http://gourmetrestaurant-ostsee lounge.de, Di–Sa ab 18.30 Uhr, 5 Gänge 84 €

Genuss am Meer
Strandhaus Orange Blue
Auf dem Weg zum Strand kommt man hier vorbei, das Restaurant im ersten Stock bietet eine abwechslungsreiche Karte – Wildkräutersalat, Curry-Veggie, Bio-Lammbratwürste, Kutterscholle mit Bratkartoffeln. Kids lieben die Eisecke unten (nur tagsüber) sowie die Orange-Burger und Grillvariationen in der Burger-Lounge (Mi–Mo 11–16 Uhr).

Am Plateau 10, Dierhagen Strand, T 038226 537 84, www.strandhaus-dierhagen.de, tgl. 12–23 Uhr, Fisch und Fleisch ab 12 €

Dorsch, Zander, Hering & Co.
Boddenblick
Einfaches, nettes Hafenrestaurant am Bodden. Vor der Haustür legen die Boote an. Immer wieder ein schönes Fotomotiv. Von einem Kutter wird im Sommer geräucherter Fisch verkauft. Fisch dominiert die Speisekarte, keine

Pfeif' auf die Gourmetküche! Hier sitzt man ganz gemütlich am Hafen mit Blick auf Fischkutter und Fischkisten.

haute cuisine, aber schmackhaft und bodenständig zubereitet.

Hafenstr. 10, Dierhagen Dorf, T 038226 801 66, tgl. 11.30–21 Uhr, ab 13 €

 Stöbern & entdecken

Versorgung auf der grünen Wiese
Einkaufszentrum Am Fischlandtor
Sehr bequem ist es, hier einzukaufen, günstige Lage direkt an der Bäderstraße, an der Kreuzung nach Dierhagen-Dorf bzw. Dierhagen-Strand: Hier befinden sich die Zimmervermittlung (T 038226 55 98 82, www.zimmerver mittlung-am-fischlandtor.de) und ein großer Supermarkt mit Postfiliale. Im Angelshop ist auch der Touristenfischerschein erhältlich (T 038234 693 88). Es gibt ein Eiscafé sowie einen Pavillon mit Fischspezialitäten.

Strandstraße 25–31

Regionale Produkte
Dierhäger Hafenmarkt
Regionale Händler präsentieren Brot- und Backwaren, Obst und Gemüse, Fisch- und Fleischspezialitäten, selbst gemachte Marmeladen und Kunsthandwerk. Für die Lütten gibt es in der Saison eine kleine Bastelstation und einen Spielplatz gleich nebenan.

Hafen Dierhagen Dorf, Mai–Okt. Di, Fr 9–14 Uhr

 Wenn die Nacht beginnt

Beach Party
Sommer am Meer: Cocktails und Musik zum Sonnenuntergang. Jeden Donnerstag im Juli und Aug. wird der Dierhäger Strand ab 19 Uhr zur Partymeile.

 Sport & Aktivitäten

Baden und Surfen
Segelschule Boddenskipper
Am Hafen mit Wasserwanderrastplatz in Dierhagen Dorf befindet sich ein ca. 50 m breiter Boddenstrand, ideal zum

Baden mit kleineren Kindern, auch Surfen und Segeln (Anfänger). Angeboten werden Ausflüge mit dem Zeesboot Hanne Nüte, es gibt einen Ruder- und Tretbootverleih. Info: Dierhagen Hafen. T 0170 451 26 71 (Hafenmeister Peter Zobel), www.boddenskipper.de

Reiten
Reiterhof Guido Lange – Gestüt Dierhagen
Familiär geführtes, gastfreundliches Gestüt: Unterricht an der Longe, Kremser- und Kutschfahrten mit Picknick. Von Okt.–April besteht die Möglichkeit eines begleiteten Strandausrittes, Dauer ca. 2 Std., Termine tgl. nach Vereinbarung.
Zur Bockwiese 3, Dierhagen Dorf, T 038226 806 79, T 0170 451 26 40. www.reiterhof-lange.de

INFOS & TERMINE

Kurverwaltung Dierhagen: Im Haus des Gastes, Ernst-Moritz-Arndt-Str. 2, 18347 Dierhagen Strand, T 038226 201, www.ostseebad-dierhagen.de, ganzjährig Mo–Fr 9–16, Sa 10–13 Uhr
Historischer Rundgang: Mai–Okt. Do 10 Uhr, Treffpunkt Haus des Gastes. Rund eine Stunde führt Margarethe in Tracht durch Dierhagen.
Mittelaltermarkt: im Juli und Aug., auf dem Areal hinter dem Sportplatz in Dierhagen (beim Fischlandtor), Di–Fr ab 17, Sa, So ab 14 Uhr, Erw. 6 €, Kinder 4 €. Minnesang und Ritterspiele, Handwerkerkunst und abendliche Feuershow.
Dierhäger Zeesenbootregatta: 3. WE im Juli, Beginn am Fr mit viel Kinderprogramm, Regatta am Sa, abends großer Seglerball
Tonnenabschlagen: 2. So im Aug., Festplatz, ab 17 Uhr, anschließend Reiterball

IN DER UMGEBUNG

Wissenswertes übers Moor
Am südlichen Rand des Fischlands zwischen Graal-Müritz, Neuhaus und Ribnitz erstreckt sich der Ribnitzer Stadtwald mit dem Naturschutzgebiet »Großes Ribnitzer Moor«. Vom **Schulungs- und Infozentrum Wald und Moor** (⌂ B 7, im Ortsteil Neuheide) werden ganzjährig naturkundliche Führungen angeboten (▶ S. 20). Die kleine Ausstellung dokumentiert die Entwicklung des Moores vom Toteisloch zum Regenmoor. Schauvitrinen zeigen die Bewohner des Küstenwaldes, Tierpräparate von Dachs, Waschbär und Fuchs (anfassen ausdrücklich erlaubt). Livekameras ermöglichen einen Blick in die Hochzeitssuite der Fledermäuse und die Kinderstube der Blaumeisen.
Ribnitzer Landweg 3, Ribnitz-Damgarten OT Neuheide, T 038206 144 44, www.moorinfo. ribnitz-damgarten.de, Mai–Okt. tgl. 10–17 Uhr, Eintritt frei

Von allem etwas
Nur ein paar Schritte weiter weisen zwei Fliegenpilze den Eingang zum privaten Museum **Naturschatzkammer, Paradiesgarten & Pilzmuseum** (⌂ B 7). Präsentiert werden Schätze der Natur aus aller Welt: Pilze, Präparate von Vögeln, Säugetieren, exotische Schmetterlinge und Insekten, Muscheln, Schneckengehäuse, Fossilien und eine riesige Sammlung von Edelsteinen und Mineralien. Bemerkenswert ist die große Inklusenschau, tierische und pflanzliche Einschlüsse im Bernstein. An die Ausstellung schließt sich der schmetterlingsreiche Paradiesgarten an, mit Rosen und Stauden.
Interessant zu beobachten ist ein aktiver Hornissenstaat. Man kann ins Innere gucken – über die Waben krabbeln Hornissen – zum Anfassen nah, aber hinter Glas.
Im großen Museumsshop gibt es Edelsteine und Schmuck (in allen Preislagen) zu kaufen, eine unglaubliche Auswahl, für die Experten auch von weither anreisen. Per Bildschirm ist ein Blick in die Kinderstube des einheimischen Steinkauzes möglich (live von April bis Aug., der zusammenfassende Jahresrückblick ist immer zu sehen).
Ritnitzer Landweg 2, 18311 Neuheide, T 038206 799 21, www.naturschatzkammer.de, tgl. 9–18 Uhr, 6 €

1

Wo Frösche blau machen – **Ribnitzer Großes Moor**

Sie sind unscheinbar – grau bräunlich und nicht besonders groß. Nur wenige Tage im Frühjahr färben sich die Moorfrosch-Männchen knallblau, um den Weibchen zu gefallen. Ihr Paarungsruf ist ein dumpfes Glucksen – uog uog uog – vergleichbar mit dem Blubbern einer untergetauchten Flasche, aus der Luft entweicht.

Haben Sie die Blaumänner im Ribnitzer Moor verpasst, macht das nichts. Denn am allerschönsten ist der Frühsommer im Moor, wenn sich Wollgräser, gelbe Schwertlilien, Sumpfporst und die zarte Wasserfeder in ihrer ganzen Schönheit präsentieren. Der rundblättrige Sonnentau wächst hier. Preisel- und Heidelbeeren, Rosmarin- und Glockenheide setzen Akzente im Sommer.

Bewirtschaftet – der Stadtforst

Ein günstiger Ausgangspunkt für eine Expedition ins Moor ist das Schulungs- und **Informationszentrum Wald und Moor** 🟥 in Neuheide (▶ S. 19).

In der ›blauen‹ Saison braucht man ein wenig Glück und gute Ohren.

Die erste Stunde der geführten (es geht auch ohne) Wanderung widmet sich dem Küstenwald, dem größten Forstrevier der Bernsteinstadt Ribnitz-Damgarten. Seit 200 Jahren steht im Ribnitzer Wald nachhaltige Forstwirtschaft auf der Tagesordnung, das heißt, es wächst mehr Holz nach als geschlagen wird.

Der Experimentierfreude früherer Förster zu verdanken sind einige ›Exoten‹. Rechts und links des Weges entdeckt man nicht heimische Bäume wie die Douglasie, Sitkafichte, Amerikanische Küstentanne und Thuja Plicata, den Großen Amerikanischen Lebensbaum. Einige würden sich weiterverbreiten, wenn nicht der Rothirsch die zarten Jungpflanzen abäsen würde. In einem kleinen eingezäunten Areal sieht man ihre Saat dicht an dicht aufgehen, Hunderte, Tausende von kleinen Küstentannenbäumchen auf ein paar Quadratmetern.

Zurück zur Natur – das Moor

Der größte Schatz des Stadtwaldes ist das seit 1939 unter Naturschutz stehende **Ribnitzer Große Moor** 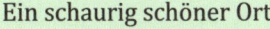. Das etwa 6000 Jahre alte und längst entwässerte und durch Torfabbau genutzte Hochmoor wurde renaturiert: Nachdem die Entwässerungsgräben Mitte der 1990er Jahre geschlossen wurden, ist der Grundwasserspiegel um fast einen Meter gestiegen. Kiefern und Birken beginnen seither abzusterben, das Torfmoos hat den Platz genutzt und wieder Fuß gefasst. Jahrhunderte aber wird es dauern, bis das Moor wieder emporgewachsen ist.

Torfmoos bildet pro Jahr nur 0,5 bis 1 mm Torf. Bei einem Torfstich von zwei Metern dauert es 2000 Jahre, bis der Urzustand wieder hergestellt ist.

Ein schaurig schöner Ort

Nur zu Fuß geht es weiter ins Naturschutzgebiet. Ein **Exkursionsweg** (ca. 2,5 km) führt am Ufer eines Moorsees entlang. Das für Hochmoore typische Pfeifengras, die Wollgräser und das saftige Grün des Torfmooses wirken wie fester Boden. Doch Vorsicht! An vielen Stellen wurde früher heimlich abgetorft. Die Torfdiebe gruben sich nachts bis zu drei Meter tief ins Moor hinein. Wie tief die Löcher sind, kann man erst erahnen, wenn der Wanderführer seinen über zwei Meter langen Stock locker im Torfstich versinken lässt – schon ist er weg – und erzählt, wie vor seinen Augen einmal ein munter springender Hirsch in einem Moorloch verschwand. Für immer.

INFOS/ÖFFNUNGSZEITEN

Schulungs- und Informationszentrum Wald und Moor 1: ▶ S. 19

NATURKUNDLICHE FÜHRUNGEN

Start **Informationszentrum 1**: fast ganzjährig, etwa Mitte Januar bis Ende Okt., Mi 10 Uhr, Länge: 7,5 km, Dauer: 3 Std., Erw. 6 €, Kinder ab 7 J. 3 €

Faltplan: A/B 7

Wustrow

🗺 C 4/5, Cityplan S. 24

Zwischen Boddenhafen und Ostseeküste erstreckt sich der größte Ort auf dem Fischland. Fischfang und Seefahrt haben die Geschichte des charmanten Ostseebads geprägt, in der Blütezeit waren hier rund 240 Schiffe beheimatet. Heute zieht der Duft von Räucherfisch über den Hafen – ein landestypischer Genuss mit Blick auf Zeesenboote und Ausflugsdampfer.

WAS TUN IN WUSTROW?

Einmal quer durch

Die Fischlandchaussee (Bäderstraße), die am südlichen Ortseingang Kuhleger heißt und in Höhe der Kirche in die Ernst-Thälmann-Straße übergeht, teilt den traditionsreichen Kirchort: Zum Meer hin erstreckt sich das trubelige Seebad mit der Seebrücke, das Fischerdorfflair findet man am Boddenhafen. Doch auch wer einfach nur durch den Ort fährt und nicht Richtung Hafen oder Meer abbiegt, passiert einige geschichtsträchtige Bauwerke. Am südlichen Ortsrand zweigt linker Hand die Straße zur **Seefahrtsschule** 1 ab, die fast 150 Jahre lang das Leben der Dorfbewohner prägte. In der Ortsmitte oberhalb des Hafens erhebt sich die stattliche **Kirche** 2. Die Bäderstraße führt weiter am **Haus des Gastes** 3 im ehemaligen Kaiserlichen Postamt vorbei, passiert linker Hand den Abzweig zum Strand (Strandstraße) und rechter Hand, am Ortsausgang, den Abzweig zum **Friedhof** 4 (Friedhofsweg). Die Häuser zu beiden Seiten der Bäderstraße ergeben kein einheitliches architektonisches Bild. Gebaut wurden sie nach dem verheerenden Brand im Jahr 1869, dem ein Großteil der rohrgedeckten Bauernhöfe des Dorfes zum Opfer fiel.

Die Kirche am Hafen

Die Lage der **Kirche** 2 auf einem hohen, künstlich aufgeworfenen Hügel oberhalb des Hafens ist großartig. Hier soll in slawischer Zeit ein Tempel für die viergesichtige Gottheit Swantevit gestanden haben. In den 1860er Jahren mussten die Wustrower ihre alte, 1385 erstmals erwähnte Feldsteinkirche wegen Baufälligkeit abreißen und durch einen neogotischen Neubau ersetzen, der 1873 geweiht wurde. (In die Bauzeit fiel nicht nur der große Brand von 1869, sondern auch die verheerende Sturmflut von 1872). Der Entwurf der Kirche, ein für die Region typischer Backsteinbau mit einem kreuzförmigen Grundriss, stammt von Theodor Krüger. Prachtvolle

Ein Laufsteg aufs Meer, ein Strandkorb im Sand ...

Modellschiffe prägen den Innenraum der Kirche, um 1855 entstand das Klipperschiff namens Hoffnung. Über der Nordempore hängt das Schiff Deo Gloria (Zur Ehre Gottes) mit der Jahreszahl 1860. Das Schiff über der Südempore, Christiana, baute der Dierhäger Fischer Emil Otto (†1970). Auch das Altarbild greift das Thema der Seefahrt auf. Es zeigt die Rettung des sinkenden Petrus durch Jesus. Ein Highlight im wahrsten Sinne des Wortes ist die Aussicht vom Turm der Kirche (▶ S. 26).

Hafenstraße, in der Saison tgl. Mo–Fr 10–17 Uhr, besonders empfehlenswert sind die Sommerkonzerte in der Wustrower Kirche (Juni–Sept. Di und Fr)

Zur Seebrücke bummeln

Die Strandstraße zweigt von der Bäderstraße (Ernst-Thälmann-Straße) ab und führt ohne Umwege geradewegs auf die Seebrücke zu. In diesem Viertel ließen sich die durch die Segelschifffahrt zu Wohlstand gekommenen Schiffer und Steuerleute nieder. In den Seitenstraßen entdeckt man viele schön erhaltene Schifferhäuser. Kurz vor der Seebrücke passiert man den **historischen Rettungsschuppen** 6 der DGzRS von 1812, neben dem ein altes Seenotrettungsboot auf Rädern stationiert ist. Heldenmut und viel Erfahrung brauchte es, um diese Nussschale im Falle eines Schiffsunglücks in die furiose Brandung zu manövrieren und Menschenleben zu retten.

Die Anfang der 1990er Jahre erbaute, 240 Meter lange Seebrücke führt einfach und schlicht aufs Meer hinaus. Schiffe legen hier – wie auch in Prerow und Zingst – nur selten an, Ausgangspunkt für einen Schiffsausflug oder einen Törn mit dem Zeesboot ist der Hafen am Bodden.

Spaziergang nach Barnstorf

Eine zauberhafte, etwa 20-minütige Wanderung führt vom Hafen in den auf einer Halbinsel im Bodden gelegenen Ortsteil. Hier stehen die schönsten Bauerngehöfte des Fischlandes, schwärmte schon Käthe Miethe. Die

S SKULPTUR

In den Dünen am Deich südlich von Wustrow liegt die von mehreren Künstlern der Region geschaffene Skulpturengruppe **Das Tor zum Jahr 2000** 5 . Erreichbar ist es nur zu Fuß oder mit dem Fahrrad, denn der nächste und dabei gebührenpflichtige Parkplatz befindet sich bei der Surfschule. Von dort sind es auf dem Deich dann nur noch ein paar hundert Meter. Zurück geht es am Strand entlang. Insgesamt ein sehr netter, mit kleinem Picknick am Strand maximal halbstündiger Spaziergang.

vier Hufen (Hofstellen), rohrgedeckte Fachwerkhäuser aus der ersten Hälfte des 18. Jahrhunderts, haben von ihrem Charme bis heute nichts eingebüßt: hinter den Gehöften der freie Blick über den Bodden, vor den Häusern die Bauerngärten mit üppiger Blumenpracht, aber auch Reihen mit Bohnen, Kartoffeln und Salat. Hier möchte man bleiben: Tisch und Stühle unter einem knorrigen Obstbaum, gestapeltes Feuerholz für ungemütliche Tage, dicke Bündel mit frisch geerntetem Rohr. Die **Kunstscheune** 7 des denkmalgeschützten Ensembles der Barnstorfer Hufe IV (die erste, wenn man vom Hafen kommt) bietet bereits seit 1985 den stilvollen Rahmen für wechselnde Ausstellungen von Malern, Bildhauern, Keramikern und Schmuckgestaltern überwiegend aus dem norddeutschen Raum.

Hufe IV, T 038220 2 01, www.kunstscheune-barnstorf.de, in der Saison tgl. 11–17 Uhr

Weiter am Bodden

Am Ende der Straße lädt eine Bank unter einem uralten Birnbaum zur Rast ein. Einst lag hier der Ankerplatz der Wustrower Zeesen. Wer nicht umkehren mag, kann auf schmalem

Pfad Richtung Wieck weiter am Bodden entlangwandern oder auch einfach mal einen Schlenker durch die Wiesen zum Friedhof machen.

Der Friedhof

Von der Kirche führt die Neue Straße direkt zum **Fischländer Friedhof** 4, der 1832 am nordöstlichen Ortsrand eingerichtet wurde, weil es auf dem Kirchhügel keinen Platz mehr für Bestattungen gab. 1859 erhielt der Friedhof rundherum eine Feldsteinmauer, 1861 wurde die Kapelle erbaut. Einige bekannte Künstler, darunter Fritz Koch-Gotha, Dora Koch-Stetter und Hedwig Woermann sind hier begraben. An die Schriftstellerin und Fischlandchronistin Käthe Miethe erinnert ein schlichter Findling. Die Lage der

Gräber ist auf einem Übersichtsplan vor Ort vermerkt. Prunkvolle Steine fehlen und doch lohnt ein Besuch – allein schon wegen der freien Aussicht – hinaus über die Felder von Barnstorf und den Bodden. Der Friedhof ist frei zugänglich. Lesetipp: Ulla Freitag, Der Fischländer Friedhof. Mit Friedhofsplan, erhältlich in der Kurverwaltung und auch im Buchhandel.

Fischlandhaus

Nur wenige Schritte südlich des Friedhofs liegt das **Fischlandhaus** 8 (▶ S. 31), ein 200 Jahre altes, aufwändig saniertes Hochdielenhaus. In der Bibliothek kann man sich in eines der Werke von Käthe Miethe vertiefen. In den Galerieräumen finden jährlich Ausstellungen in Zusammenarbeit mit dem Kunstmuseum Ahrenshoop statt,

Fischland ahoi – **auf dem Kirchturm zu Wustrow**

Aus allen vier Himmelsrichtungen – vom Wasser und vom Lande aus – ist der Kirchturm von Wustrow schon von Weitem zu sehen. Sonne? Regen? Ganz egal: Vom offenen Umgang des Turms bietet sich die schönste Aussicht über das Fischland. ▼

Kurz vor Wustrow spürt man das Meer, linker Hand der Hinweis auf die **Surfschule ❸** und zur Rechten die schilfreiche Bucht des Permin – nur durch die Straße, den Deich und Dünenstrand von der Ostsee getrennt. Hier beginnt das eigentliche Fischland, kaum 500 Meter liegen zwischen Ostsee und Bodden. Ursprünglich verband der Permin die Ostsee mit dem Saaler Bodden. Der Zugang zum offenen Meer ermöglichte den Wustrowern, ebenso wie den Ribnitzern und Barthern, ihre Produkte an Getreide und Fisch selber zu vermarkten. In kleinen offenen Booten schipperten sie an der Küste lang nach Lübeck, Kiel oder Kopenhagen.

Die Gier der Großen

Obwohl die einheimischen Bauern und Fischer nur ihre bescheidenen Landeserzeugnisse verfrachteten, fürchteten die Hansestädte um ihre Privilegien und bekämpften die Bauernschifffahrt und Klipphäfen – so nannte man Häfen wie Wustrow und Ahrenshoop, die keine Stadtrechte und Handelsprivilegien besaßen. Im Permin wurden kurzerhand drei Schiffe versenkt und so die ohnehin drohende Versandung des Seegatts beschleunigt. Der offene Zugang zur Ostsee war damit Geschichte, die Seefahrt aber bestimmte weiterhin den Alltag.

Vom Fischland in die Welt

Die Fischländer waren hochgeschätzte, gut ausgebildete Seeleute – von den im Jahre 1860 in Rostock registrierten 335 Kapitänen kamen 219

SEEFAHRT

Auf dem Fischland zählten viele Jahrhunderte nur die See und die Seefahrt. Nach der Konfirmation fragte man nicht: Was willst du werden? Man fragte: Wer nimmt dich mit? Mit Jungen, die nicht zur See fahren wollten, spielte man nicht – erzählt **Käthe Miethe** (Fischland).

Das Markenzeichen der Kirche zu Wustrow: bodenständiger Backstein, hoher Turm

vom Fischland. Alte, erfahrene Schiffer gaben ihre nautischen Kenntnisse an die Jungen weiter. 1846 wurde die Großherzoglich-Mecklenburgische Navigationsschule in Wustrow gegründet – die erste Seefahrtsschule im deutschsprachigen Raum. Ein grandioses Hilfsmittel während der Ausbildung war der **Kirchturm** 2 auf dem alten Tempelberg, dessen begehbarer Umgang in luftiger Höhe den Schülern die Möglichkeit bot, das Navigieren mit echtem Horizont zu üben.

Der Blick von oben

Die schmale Wendeltreppe führt hinauf auf den Turm. Am nördlichen Ortseingang kann man den verlassenen Gebäudekomplex der **Seefahrtsschule** 1 ausmachen. Sie schloss 1992, seither wird über ihr Schicksal und die Zukunft diskutiert. Mit dem Kulturpfad setzten die Anwohner vielen Persönlichkeiten aus dem Umfeld der Schule ein Denkmal. Der Blick schweift hinüber über die Permin-Bucht und das offene Meer. So wie es einst die angehenden Steuermänner und Kapitäne zu Lehrzwecken machten, die später in alle Weltmeere fuhren. Aber natürlich konnte und kann man hier oben auch einfach nur die schönste aller Aussichten über das Fischland genießen.

INFOS/ÖFFNUNGSZEITEN

Kirchturm 2: Der Turm ist unabhängig von der Kirche zugänglich: Mai–Sept. tgl. 10–17 Uhr, Erw. 1 €, Kinder 0,50 €

▶ **LESESTOFF**

Das Fischland. Ein Heimatbuch: Käthe Miethe. 1949 erschienen, seither immer wieder neu aufgelegt, absolut lesenswert

dazu gibt es Konzerte und Lesungen.
Neue Straße 38, T 038220 804 65, Mo, Di
10–12, 14–17 Uhr, Do 10–12, 14–18 Uhr, Fr–So
11–16 Uhr

....

SCHLAFEN, SCHLEMMEN, SHOPPEN

....

 In fremden Betten

Gut gebettet am Bodden
Hof Zeesenblick ❷

Der auf dem Grundstück einer alten
Scheune 1995 neu erbaute Hof Zeesenblick bietet sechs Ferienwohnungen (für
4 Pers.), Sauna, Liegewiese und einen
eigenen kleinen Boddenhafen.
Barnstorf Hufe II, T 038330 60 30, www.mein
ostseetraumurlaub.de, FeWo ab 215 €

Mit direktem Zugang zum Wasser
Scheune Peters ❸

In einer liebevoll sanierten Hofscheune
(neben dem Hof Zeesenblick) werden
fünf Wohnungen vermietet. Die im
Erdgeschoss haben Platz für 2 Pers.,
Zugang zur gemütlichen Kamindiele und
zu einer Terrasse. Die FeWos im Obergeschoss bieten Platz für 3–4 Pers. und

- -

DIE SCHIFFERWIEGE

Am Eingang zur Neuen Straße steht
eines der ältesten erhaltenen und
meistfotografierten Fischlandhäu-
ser, erbaut gegen Ende des 17.
Jahrhunderts, rohrgedeckt mit Krüp-
pelwalmdach. Zu seinen Bewohnern
gehörten im Verlauf der Geschichte
die Hebamme des Dorfes sowie
auch der Schriftsteller Carl von
Bremen, der 1935 den Roman **Die
Schifferwiege** veröffentlichte. Wer
mag, kann hier wohnen: Ferienwohnung über zwei Etagen für 2–6
Pers., kleine geschützte Terrasse
im Garten, Sonne bis nachmittags.
(**Schifferwiege** ❶, Ernst-Thälmann-Straße 2, T 38220 8 25 35,
www.die-schifferwiege.de, FeWo
209 €).

- -

den Blick über den Bodden. Idyllische
Sitzplätze im Garten und am Wasser.
Auch eine Sauna ist vorhanden.
Barnstorf Hufe III, T 038330 803 54, www.
scheune-peters.de, FeWo 60–80 €

Eine Reise wert
Hotelschiff Stinne ❹

Eine Unterkunft mit viel Flair: Der
dänische Zweimastschoner mit dem
Namen Stinne strandete bei einem
Sturm im Februar 1965 vor der Küste.
Die sechs Doppelkabinen sind einfach
aber freundlich eingerichtet, haben ein
kleines Bad mit Dusche. Die Kapitänskajüte verfügt über einen Wohn- und
einen Schlafraum. Der Service ist
wohltuend persönlich, die hauseigene
Küche ist auch für Außerschiffgäste zu
empfehlen.
Kuhleger 13, T 038220 336, www.hotel
schiff-stinne.de, DZ ab 65 €, Kapitänskajüte
ab 95 €

....

 Satt & glücklich

Genießen im Dorf
Schimmel's ❶

Eine schöne Adresse schräg gegenüber
vom ehemaligen Postamt (Haus des
Gastes). Das Ambiente ist angenehm,
die Gastgeber sind freundlich und
unkompliziert. Auf der Karte stehen
selbstgebackene Kuchen, regionale
Landhausgerichte wie Zanderfilet auf
marinierter Rote Bete und Rehkeule mit
Preiselbeerjus, dazu gute Weine. Vermietet werden auch drei geschmackvoll
eingerichtete Zimmer mit Wohn- und
Schlafbereich.
Parkstr. 1, T 038220 665 00, www.schimmels.
de, Fr–Mi ab 14 Uhr, So ab 12 Uhr, Hauptgänge
ab 19,50 €, DZ ohne Frühstück ab 70 €

Fisch aus heimischen Gewässern
Schifferwiege ❷

Nicht zu verwechseln mit der Schifferwiege am Eingang zur Neuen Straße.
Ein traditionsreiches, gemütliches
Restaurant. Außer vorzüglichem Fisch
findet man auch Steaks vom Lavastein-
grill, vegetarische und Mecklenburger

Die See sorgt für die Köstlichkeiten. Auch wenn mal keiner so schnell anbeißt.

Gerichte auf der Speisekarte.
Karl-Marx-Str. 30, T 038220 803 36, www.
pension-schifferwiege.m-vp.de, tgl. 11.30–22
Uhr, ab 11 €

Maritim
Kapitänshaus Am Unterfeuer ❸
Schöne Lage am Wasser, im Sommer sitzt
man draußen mit Blick auf die Zeesenboote im Hafen, doch auch drinnen ist es
gemütlich. Fisch dominiert die Karte, alles
ist lecker und ansprechend zubereitet,
auch der Kuchen ist zu empfehlen.
Hafenstr. 8, T 038220 809 80, tgl. 12–22 Uhr,
ab 11 €

 Stöbern & entdecken

Schmökern
Bücherstube Fischland 🔒
Ostseekrimis und internationale
Bestseller, Schmöker für ungemütliche
Regen- und sonnige Strandtage, einfach
mal reinschauen.
Ernst-Thälmann-Str. 10, T 038220 407, Mo–Fr
10–18, Sa 10–14 Uhr

Feines für Tisch und Tafel
Rosine by Schimmels 🔒
Ein bisschen versteckt am hinteren

Ende der Hauptflaniermeile. Hier findet
man Geschenke für die, die schon alles
haben. Und eine kleine, köstliche Auswahl kulinarischer Delikatessen wie
Schokolade und auch diverse Gewürze,
Käsesorten, Schinken, Oliven und
Spirituosen aus dem fernen Spanien
und Italien. Es ist ein Genuss, auf der
kleinen Terrasse hinter dem Haus zu
sitzen, in den Küstenwald zu blicken
(welch eine Ruhe so nah an der trube-
ligen Promenade!) und ein Glas Wein
und eine individuell zusammengestell-
te Schlemmerplatte (100 g/4,95 €) zu
genießen.
Strandstraße 31, T 038220 665 00, Mo–Sa
10–18, So 13–18 Uhr

 Wenn die Nacht beginnt

Entspannt, afrikanisch inspiriert
Hakuna Matata ✳
Cocktails und Steaks im Zentrum. Im
Sommer lädt die Bar jeden Dienstag
zum abendlichen Beach Chillout am
Strandzugang 3 ein. Sollte das Wetter
nicht mitspielen, dann am Tag drauf.
Strandstr. 1a, T 038220 67 95 58, www.
hakuna-matata-bar.de, ab 20 Uhr, im Winter
Mo Ruhetag

3

Wo die alten Katen stehen – **die Neue Straße**

Vom Hafen sind es nur ein paar Schritte bis zur Neuen Straße, die gegenüber der Kirche beginnt und in nordöstlicher Richtung bis zum Friedhof verläuft. Rohrgedeckte Katen und Büdnereien säumen den sandigen Weg. 2016 wurde ein erster kleiner Abschnitt gepflastert – der zauberhaft altmodische Rest ist weiterhin unbefestigt.

Die bildhübsche **Schifferwiege** (▶ S. 28) am Eingang zur Neuen Straße ist das wohl meist fotografierte Wustrower Haus, wird aber der Ernst-Thälmann-Straße zugerechnet. Gleich um die Ecke, am Eingang zur Neuen Straße, liegt die **Büdnerei Nr. 1** mit tief herabgezogenem Kröpelwalmdach. Neben der Hausnummer entdeckt man noch die verwitterte alte Bezeichnung B 174 (das B stand für eine Büdnerei – also eine kleine Bauernstelle). Nicht herausgeputzt und etwas zurückgesetzt übersieht man sie leicht. Aber es lohnt sich genauer hinzusehen: Die um 1800 gefertigte Tür gilt als die älteste originale Fischlandtür. Sie wirkt, als könnte sie einen Anstrich gebrauchen, und man muss schon genau hinschauen, um das filigrane Schnitzwerk würdigen

Platz zum Klönen: Diese Bank hier könnte ganze Bücher mit Geschichten füllen.

zu können, das ohne bunte Farben auskommt – eine stille, authentische Altersschönheit.

Ein Platz an der Sonne

Wie die Stufen einer Treppe schieben sich die Häuser eins hinter das andere, »als wollte jedes dem Nachbarn auch einen Platz an der Sonne lassen« (Käthe Miethe). Dieser Abschnitt der Neuen Straße hieß ursprünglich Treppenstraat. Hier wohnten Seeleute und Handwerker. Der Kolonialwarenladen im **Haus Nummer 11** (gegenüber der Einmündung der Fritz-Reuter-Straße) führte alles, was man brauchte: Lebensmittel, Tabak, Peitschenschnüre, Wagenfett und Reiseandenken. In der linken Haushälfte gab es Kümmel und Bier. Im **Krug ›Zum Grünen Kranze‹** schaute auch die Fischlandchronistin Käthe Miethe gerne auf einen Schnack und einen Schluck herein (sie konnte ein'n gooden Stäwel verdrägen).

»Der Seemann ging mit beidem, dem Schiff und dem Haus, mit gleich pflegsamen Händen um. Welt und Heim waren die Pole, zwischen denen sich das Leben des Schiffers bewegte.« (Käthe Miethe, Das Fischland)

Katzenköpfe

Zu den typischen Baumaterialien gehörten Katzenkopfsteine, die auf den umliegenden Äckern gesammelt und in vielen Arbeitsstunden zu Wegen verarbeitet wurden. Zu der **Büdnerei Nummer 34** (an der Ecke Hermann-Löns-Weg) führt so ein Weg aus Katzenkopfsteinen. Vor gut 90 Jahren befand sich in dem Haus eine Schneiderwerkstatt. Gepflegt und bildhübsch ist auch die benachbarte **Büdnerei (Nr. 36)** mit Katzenkopfbordüre ums Haus.

INFOS/ÖFFNUNGSZEITEN
Das Fischlandhaus 8
(▶ S. 25)

Hereinspaziert, herausspaziert

Das um 1800 erbaute **Fischlandhaus** (Nr. 38) 8 ist ein Bilderbuchbeispiel für die traditionelle Bauweise – ein Hochdielenhaus mit Kröpelwalmdach (heute vielseitig genutzt als Bibliothek und Kultur- und Kunsthaus, s. oben). In der **Büdnerei schräg gegenüber (Nr. 39)** wohnte der Kuhhirte, der morgens alle Dorfkühe zusammentrieb und zur Boddenwiese brachte. Abends fanden die Kühe allein ihren Weg zurück in den Stall. Wer jetzt vom Ende der Neuen Straße zum Friedhof weiterspaziert, kann den schönen Blick über die Boddenwiesen und den Bodden genießen.

Tipp: In der Kurwaltung erhält man für 1 € das vorzügliche **Faltblatt »Neue Straße / Niege Strat«** mit Infos zu jedem einzelnen Haus up platt. Im Straßenplan sind sogar die (sichtbaren) historischen Brunnenstellen und Schwengelpumpen aufgeführt. An den Häusern selber gibt es keine Infotafeln.

Ungeliebt und faszinierend: Die Bunkerruinen zwischen Wustrow und Ahrenshoop wandern langsam ins Meer.

🔱 Sport & Aktivitäten

Zeesbootsegeln ❶
Im Wustrower Hafen liegen die Zeesenboote Bill und Butt, die in der Saison Fahrten auf dem Bodden anbieten, Mai–Okt. tgl. 11, 13, 15, 17 Uhr, Erw. 14 € (Kinder die Hälfte), Dauer 1,5 Std.
ISkipper Peter Eymael, T 0170 201 78 16, www.zeesboot.de

Boddenschifffahrt
MS Boddenkieker ❶:
Linienfahrten zwischen Ribnitz, Dierhagen und Wustrow, Fahrradmitnahme möglich und sehr zu empfehlen, Ende April–Anf. Okt., tgl. bis zu 3x.
MS Ostseebad Wustrow ❶: Rundfahrten ab Wustrow zu den Borner und Neuendorfer Bülten, mit ein wenig Glück entdeckt man Seeadler, Rohrweihen und Kegelrobben.
Fahrgastbetrieb Kruse & Voß:
T 038220 588, www.boddenschifffahrt.de, alle Fahrpläne/Preise online

Surfen
Surfcenter Wustrow ❷: 1 km südlich von Wustrow, beliebter Surfspot an der schmalsten Stelle des Fischlandes, Kite- und Surfkurse, mit dem SUP Board paddelt man bei ruhigem Wetter entlang der Steilküste nach Ahrenshoop. Der gegenüberliegende Saaler Bodden bietet ein hervorragendes Stehrevier für Anfänger. Strandnaher Wohnmobilstellplatz gleich hinterm Deich und nette Beachbar.
An der Nebelstation 2, T 038220 802 50, www.surfcenter-wustrow.de

Segeln
Fischländer Segelschule ❸: Kinder- und Aufbaukurse, auch Sportbootführerschein, Verleih von Rügenjollen, Motor- und Ruderbooten.
Am Hafen 10, T 03382 707 81 88/ 99, 0171 327 72 90, www.segeln-lernen.com

INFOS

Kurverwaltung im Haus des Gastes: Die gut ausgestattete Tourist-Information befindet sich im ehemaligen Kaiserlichen Postamt, das von 1895 bis 2001 in Betrieb war.
Ernst-Thälmann-Str. 11, 18347 Wustrow, T 038220 251, www.ostseebad-wustrow.de

Der Kulturpfad: Blaue Steine markieren die Orte, wo Kapitäne und

Navigationslehrer, aber auch Bildhauer und Maler gewohnt und gewirkt haben. In der Kulturpfad-Broschüre erfährt man, wer oder was sich hinter der jeweiligen Nummer verbirgt. Erhältlich in der Kurverwaltung und in der örtlichen Buchhandlung, 5 €.
Ortswanderung: April–Okt. Mi 9.30 Uhr, 2 Std., ab Haus des Gastes

TERMINE

Strandgalopprennen: Ostersamstag. Am Hauptstrand, Start und Ziel an der Seebrücke, abends Osterfeuer.
Zeesbootregatta: 1. Sa im Juli, mit Hafenmarkt
Tonnenabschlagen: 2. So im Juli. Zum Auftakt Sa abend Disco, zum Abschluss So abend traditioneller Reiterball.
Seebrückenfest: letzter So im Aug., Tag der offenen Tür in der Seenotstation. Markttreiben an der Seebrücke.
Kunsthandwerkermarkt: Seebrücke/Strandstraße, an drei Saisonwochenenden: Keramik, viel Handgemachtes, Kulinarisches und Hochprozentiges.

Ahrenshoop

📖 D 4, Cityplan S. 34

Ein beeindruckendes Hochufer über einem traumhaften Sandstrand und eine schilfgesäumte Boddenküste bilden den Rahmen für die ehemalige Künstlerkolonie. Rohrgedeckte Katen und ortsfremde, aber bildhübsche Villen beherbergen Kunstgalerien. Die ehemalige Künstlerkolonie ist tatsächlich so schön wie auf vielen stimmungsvollen Bildern und Fotografien sichtbar.

Zwischen Gestern und Heute

Während andere, durch die Seefahrt zu Wohlstand gekommene Fischerdörfer (Wustrow, Prerow und Zingst) den Niedergang der Segelschifffahrt mit dem stetig zunehmenden Fremdenver-

---

WER WOHNTE WO?

Maler, Grafiker und Keramiker ließen sich in der Künstlerkolonie dauerhaft nieder. Interessante Geschichte(n) bietet die von der Kurverwaltung herausgegebene Broschüre **Ahrenshoop. Künstler, Häuser. Kolonie.** Ebenso lesenswert ist der Flyer **Ostseebad Ahrenshoop – Literarisch & Poetisch**. Beide findet man zum Lesen, Downloaden oder Bestellen auf der Website: www.ostseebad-ahrenshoop.de. In der Kurverwaltung für 1 € erhältlich, eine lohnenswerte Investition!

---

kehr auffangen konnten, lebten auf dem schmalen Sandstreifen zwischen Fischland und Darß etwa 30 Familien in kleinen rohrgedeckten Katen noch hauptsächlich vom Fischfang und auch der Schmuggelei. Am heutigen Grenzweg in Ahrenshoop verlief einst die Grenze zwischen Mecklenburg und (Vor)Pommern (später Schwedisch- bzw. Preußisch-Pommern). Es gab noch keine bequem ausgebauten Straßen wie heute, die Ackerböden waren karg, weder Büsche noch Bäume schützten Land und Bewohner vor Flugsand und Stürmen. Eine bessere Zeit brach erst gegen Ende des 19. Jahrhunderts an, als sich Maler in dem idyllischen Dünendorf niederließen. Galerien, Kunsthäuser und edle Hotels in liebevoll sanierten Künstlervillen prägen heute die ehemalige Künstlerkolonie. Die Bäderstraße, die im Ortsbereich ganz harmlos und unverdächtig **Dorfstraße** heißt, führt mitten hindurch. Der dichte Verkehr ist – vor allem in der Saison – eine Belastung. Auch das nicht enden wollende Baugeschehen stößt auf Kritik. Der riesige, an Stelle des alten Kurhauses auf dem Schifferberg am Ortsausgang errichtete Hotelkomplex wirkt wie ein Fremdkörper, bietet aber Gästen ganzjährigen Fünf-Sterne-Luxus (www.the-grand.de).

AHRENSHOOP

WAS TUN IN AHRENSHOOP?

Im Zuge des Jubiläumsjahrs – 125 Jahre Ahrenshooper Künstlerkolonie – wurde im Frühjahr 2017 der Kunstpfad eröffnet. An zehn Stationen gewähren ausgewählte Gemälde dem kunstinteressierten Spaziergänger einen Blick zurück in die Zeit, als Ahrenshoop noch ein weltfernes Fischerdorf war. Natürlich wurde seither viel gebaut, aber es ist erstaunlich und erfreulich, wie viele der alten Motive noch heute wiederzufinden sind. Man kann nachempfinden, warum die Künstler verzaubert waren von dieser Idylle. Der informative Kunstpfad-Flyer mit Karte liegt in der Touristinfo und im Kunstmuseum aus, (zum Herunterladen auf der Website www.ostseebad-ahrenshoop. de). Aber auch ohne Flyer ist es großartig, bei einem Bummel durch den Ort ganz zufällig auf eine der schön gestalteten Tafeln zu treffen, die zudem Wissenswertes über den jeweiligen Maler und sein Werk vermitteln.

Die Spur der Künstler
Als »gelungene Ode an die Künstlerkolonie« wird das architektonisch bemerkenswerte **Ahrenshooper Kunstmu-**

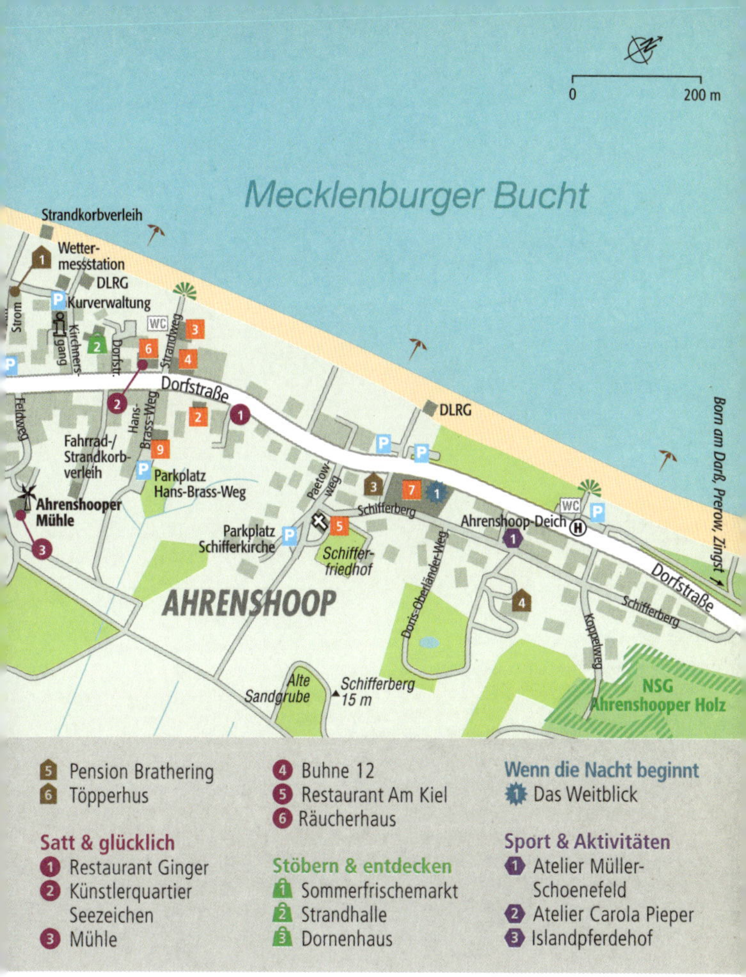

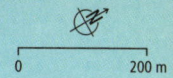

0
200 m
Mecklenburger Bucht
Strandkorbverleih
Wetter-
messstation
DLRG
Kurverwaltung
Strom
Kirchners-
gang
Dorfstr.
WC
Strandweg
Dorfstraße
Feldweg
Hans-
Brass-Weg
Fahrrad-/
Strandkorb-
verleih
Parkplatz
Hans-Brass-Weg
Ahrenshooper
Mühle
Parkplatz
Schifferkirche
Paetow-
weg
Schifferberg
Schiffer-
friedhof
AHRENSHOOP
DLRG
Ahrenshoop-Deich
Doris-Oberländer-Weg
Koppelweg
Schifferberg
Dorfstraße
Born am Darß, Prerow, Zingst
Alte
Sandgrube
Schifferberg
15 m
NSG
Ahrenshooper Holz

5 Pension Brathering
6 Töpperhus

Satt & glücklich
1 Restaurant Ginger
2 Künstlerquartier Seezeichen
3 Mühle
4 Buhne 12
5 Restaurant Am Kiel
6 Räucherhaus

Stöbern & entdecken
1 Sommerfrischemarkt
2 Strandhalle
3 Dornenhaus

Wenn die Nacht beginnt
1 Das Weitblick

Sport & Aktivitäten
1 Atelier Müller-Schoenefeld
2 Atelier Carola Pieper
3 Islandpferdehof

seum 1 am westlichen Ortseingang gelobt (► S. 37). Der ganze Ort ist mit Künstlergeschichte gespickt. Als der Landschaftsmaler Paul Müller-Kaempff kurz vor der Wende vom 19. zum 20. Jh. auf einer Wanderung in das abgelegene Fischerdorf kam, war er hingerissen von der Unberührtheit, Einsamkeit und Schönheit zwischen Meer und Bodden: »Das war ein Studienplatz, wie ich ihn mir immer gewünscht hatte! Nirgends ein öder Nützlichkeitsbau mit Pappdach, nichts was den Gesamteindruck störte; die Dorfstraße sehr breit und sandig«. So schrieb er später in seinen Erinnerungen. Müller-Kaempff blieb und gründete eine Malschule, in der er mangels Unterkunftsalternativen im Dorf seine Schülerinnen einquartierte (Dorfstr. 35). Kunst wird in der ehemaligen St. Lukas-Pension noch immer geschaffen: Seit 1994 steht das **Künstlerhaus Lukas** 2 Stipendiaten zum Wohnen und Arbeiten zur Verfügung. Jeweils am letzten Sonntag im Monat laden sie zu einem Tag der offenen Tür ein (www.kuenstlerhaus-lukas.de). Von großer Bedeutung für die Künstlerkolonie war der Bau des **Kunstkatens** 3 (1909) im Strandweg. Hier konnten die Künstler erstmals ihre Arbeiten aus-

DER ALTHÄGER HAFEN

Außerhalb der Saison wirkt der Hafen verlassen. Im Sommer ist das anders, Fahrgastschiffe, Zeesboote und kleine Fischereifahrzeuge liegen vor Anker. Im traditionsreichen Räucherhaus genießt man frisch gefangenen und frisch geräucherten Fisch. Andreas Schönthier fährt mit seinem Kutter selber zum Fang raus, er ist auch Hafenmeister, Zeesboot-Schiffer und Gründer des »Verein der Zeesner e.V.« (2001), Höhepunkt der Vereinstätigkeit ist das jährliche Schau-Zeesen im September.

stellen und auch zum Verkauf anbieten. Anders als viele der neu entstandenen Künstlerhäuser, die sich nicht am regionalen Baustil orientierten, wurde er mit Rohrdach und bemalter Haustür ausgestattet. Ein markantes Wahrzeichen des Ortes ist die **Bunte Stube** 4 am Abzweig zum Strandweg. 1922 als Laden gegründet, bot sie den Künstlern auch die Möglichkeit ihre Werke auszustellen und entwickelte sie sich rasch zum kulturellen Treffpunkt, beides ist sie auch heute noch (siehe unten).

MUSIK AM MEER

Die Open-Air-Konzerte des Pianisten und Komponisten Lutz Gerlach am Hohen Ufer sind Kult. Seine Musik ist vom Klang der Wellen und der Landschaft rund um Ahrenshoop inspiriert. In der **Klanggalerie Das Ohr** 9 kann man die Klangbeispiele seiner CD-Produktionen audiovisuell genießen und zudem noch erwerben.
Hans-Brass-Weg 2, T 038220 66700, www.lgm-records.de, Website mit Hörproben und Veranstaltungsterminen. Geöffnet zu den Veranstaltungen.

Zur schönsten Aussicht am Meer

Ein größerer Parkplatz befindet sich am reetgedeckten (!) Einkaufszentrum am Grenzweg, der leicht bergan direkt zum Strand führt. Man kann auch dem schmalen Pfad folgen, der links vom Parkplatz auf den Hans-Kinder-Weg zuführt. Dieser verläuft durch ein Viertel mit Rohrdachhäusern, das zur DDR-Zeit schlicht der ›Millionärshügel‹ hieß, eine Anspielung auf die Ärzte, Künstler und Wissenschaftler, die hier Häuser erwarben oder errichten ließen – kein einziges ohne Rohrdach! Man gelangt zu einer atemberaubenden Aussicht auf das Meer und das Hohe Ufer. Wer von hier ein Stück gen Osten läuft, gelangt an den Grenzweg. Man passiert das wunderbare Café Buhne 12 (soll Ende 2017 schließen, hoffentlich ist das nur ein Gerücht). Von einer kleinen Aussichtsplattform kurz vor dem Strandabgang verzaubert das viel fotografierte und gemalte Rohrdachhaus mit den drei windzerzausten, hohen Pappeln. (Sie wollen hier wohnen? Gerne doch, es ist ein Traum: www.grimmelei.de).

Schifferkirche

Die 1951 aus einheimischen Baustoffen – Holz und Rohr – gebaute **Schifferkirche Ahrenshoop** 5 hat die Form eines kieloben liegenden Bootes. Ein natürliches und schlichtes Bauwerk, in das durch den verglasten Westgiebel Licht fällt. Im Kircheninneren finden sich Werke der Bildhauerin Doris Oberländer-Seeberg (1903–1989): der Ständer für die Taufschale und die Kanzel wurden aus dem Holz einer am Bauplatz gefällten Pappel gefertigt. Die vier, von der Decke herabhängenden Schiffsmodelle verkörpern die vier (göttlichen) Tugenden: Glaube, Liebe, Hoffnung und Frieden. Mit der Erneuerung der stark sanierungsbedürftigen Kirche wurde 2005 der damalige Architekt Hardt-Walther Hämer (1922–2012) beauftragt. Im Januar 2013 wurde eine neue Orgel der Dresdner Orgelwerkstatt Wegscheider eingeweiht.
Paetowweg 5, www.schifferkirche-ahrenshoop.

Zwischen Tag und Traum. Wenn sich das Abendlicht über die Bootshäuser in Altha-gen senkt, bricht die Stunde der Maler und Fotografen an – wie oft wurde diese Stimmung wohl schon eingefangen?

de, Juni–Sept. Di–So 10–16, Okt.–Mai Do–So 10–16 Uhr, Gottesdienst So 9 Uhr

MUSEEN UND GALERIEN

Kunstmuseum

Am Weg zum Hohen Ufer, im Sommer der wohl wichtigste Pfad zum Badestrand am Meer, steht das **Kunstmuseum Ahrenshoop** **1**: ein Gehöft für die Kunst aus fünf Häusern, verbunden durch ein großzügiges Foyer. Das 2013 neu eröffnete, preis-gekrönte Haus des Architekten Volker Staab (Landesbaupreis Mecklen-burg-Vorpommern 2014, Iconic Award 2014) zieht – auch ohne Rohrdach – Besucher von weither an. Zu der wunderbaren Sammlung gehören Gemälde, Grafiken und Skulpturen von Künstlern, die in Ahrenshoop oder in der nahen Küstenregion gewirkt haben. Gezeigt werden Werke von Künstlern aus der Gründerzeit der Künstlerkolonie. Zu ihnen gehörten unter anderem Anna Gerresheim, Louis Douzette, Elisabeth von Eicken und Paul Müller-Kaempff. Zu sehen sind auch die Werke der klassischen Moder-ne (Dora Koch-Stetter, Bruno Gimpel, Hedwig Woermann) und widerständige Kunst aus der DDR-Zeit ebenso wie zeitgenössische Kunstinstallationen. Neben den bekannten Namen findet man auch viele, in Vergessenheit gera-tene oder gerade eben erst entdeckte Künstler – ein wirklich beachtliches Museum!

Weg zum Hohen Ufer 36, T 038220 667 90, www.kunstmuseum-ahrenshoop.de, April–Okt. tgl 11–18, Nov.–März Di–So 11–17 Uhr, Erw. 8, Schüler/Studenten 3–4 €, Fotoerlaubnis 5 €

Haus für Kunst und Kunstgewerbe

Der von den Malern Paul Mül-ler-Kaempff (1861–1941) und Theobald Schorn (1866–1913) entworfene **Kunstkaten Ahrenshoop** **3** ist eine der ältesten Galerien in Norddeutschland. Knallblau gestrichen – kann man ihn kaum verfehlen. Die Themen der regelmäßig wechselnden Ausstellungen: Landschaft, Mensch und Meer.

Strandweg 1, T 038220 803 08, www.kunstka ten.de, tgl. 10–13, 14–17, Events (Lesungen, Livemusik, Kino) ab 20 Uhr

Alte Schule

Wer die alljährliche, großartige Kunstauktion verpasst, kann in der **Galerie Alte Schule Ahrenshoop** 6 fündig werden. Gezeigt werden Arbeiten aus dem Bestand der Ahrenshooper Kunstauktionen, darunter Werke namhafter Künstler aus den Anfängen der Künstlerkolonie bis hin zur zeitgenössischen Kunst. Das 1828 erbaute Fachwerkhaus diente bis 1973 als Dorfschule.

Dorfstr. 16, T 038220 663 30, www.galerie-alte-schule-ahrenshoop.de, Mi–So 10–13, 14–17 Uhr, im Winter reduzierte Öffnungszeiten

Figurative Malerei

Die **Galerie Peters-Barenbrock** 7 ist umgezogen auf den Schifferberg (Eingang im The Grand). Schwerpunkt der Galeriearbeit ist die figurative Malerei, Grafik, Skulptur und Fotografie ab 1980 aus Deutschland, hochkarätig und edel, der Besuch lohnt.

Schifferberg 24, T 038220 66 76 00, www.galeriepetersbarenbrock.de, Di–So 11–17 Uhr

Kunsthaus und Bibliothek

Die Galerie für zeitgenössische Kunst widmet jährlich fünf bis sechs Ausstellungen Künstlern aus Mecklenburg-Vorpommern und den Ostseeanrainerstätten. In Kooperation mit dem Künstlerhaus Lukas initiiert das **Neue Kunsthaus** 8 thematische Projekte, die eine Zusammenarbeit zwischen Bildender Kunst, Video, Literatur, Tanz und Musik ermöglichen. Passend zu den (bisherigen) Ausstellungen gibt es im Verkaufsbereich ein kleines, aber feines Angebot an Malerei, Grafik, Kleinplastik, Schmuck und Katalogen. Nebenan liegt die **Käthe-Miethe-Bibliothek** (Di, Do 10–12 und 14–18 Uhr, Fr 14–18 Uhr).

Bernhard-Seitz-Weg 3a, www.neues-kunsthaus-ahrenshoop.de, tgl. 10–18 Uhr

🏠 In fremden Betten

Urlaub am Meer
Strandhaus Claasen

Zehn ganz unterschiedliche 1-3-Raum-Apartments in einem liebevoll sanierten Kapitänshaus, nur 50 Meter vom Badestrand. Sie haben die Wahl zwischen Balkon zur Land- oder Seeseite und/oder Terrasse und Gartennutzung (das Apartment 8 hat einen Balkon zur Seeseite!). Sauna im Haus (kostenpflichtig), ein Parkplatz pro FeWo vorhanden. In den Apartments befinden sich kleine Küchen inklusive Kühlschrank, Wasserkocher, Geschirr, Zwei-Platten-Herd, Kaffeemaschine, Kochutensilien und Toaster.

Am Strom 7, T 038220 66 67 88, www.strandhaus-claasen.de, FeWo ab 105–220 €

Einfach mal das tun, was uns glücklich macht: Seiltänzer als Kunstfigur mit zwei Besucherinnen in einem der schönen Ausstellungsräume des Kunstmuseums Ahrenshoop.

Ein Wohlfühlort
Charlottenhof **2**
Traditionsreiche Pension, in der Paul-Müller-Kaempff (1861–1941) häufig einkehrte, als er noch Junggeselle war. Zwölf stilsicher und geschmackvoll eingerichtete Zimmer, leichte regionale Küche (ab 16 €). Garten mit Sitzgelegenheit, der Parkplatz ist im Preis inbegriffen.

Grenzweg 3, Ahrenshoop, T 038220 302, www.charlottenhof-ahrenshoop.de, DZ/Suiten 150–220 €

Fischländischer Charme
Romantik Hotel Namenlos **3** & Fischerwiege **4**
Ein Hotel auf vier sorgsam sanierte, ganz unterschiedliche Häuser verteilt, drei davon mit Rohrdach und jedes eine Kleinod mit fischländischem Charme. Neben dem Hotel und Restaurant Namenlos (Dorfstr. 44) erhebt sich das an Stelle des alten Kurhauses erbaute Hotel The Grand. Manche stört es, andere nicht. Denn der Blick aufs Meer ist derselbe geblieben. Der Wellnessbereich mit Hallenbad in der Fischerwiege (Schifferberg 9a) und die Saunalandschaft des Namenlos stehen allen Gästen zur Verfügung.

Dorfstr. 44, Ahrenshoop, T 038220 60 60, www.hotel-namenlos.de, DZ und Suiten ab 100–290 €

Ruhige Lage
Pension Brathering **5**
Ruhige nette Pension am Bodden, das rotgeklinkerte Pensionsgebäude wurde 1923 als Bauernhof errichtet, Unterkunft auch im Atelierhaus und Ferienhäuschen, hübscher Garten, dazu Fahrradverleih (auch E-Bikes) und Hoflädchen mit selbstgemachten Fruchtaufstrichen und diversen Kräuterlikören.

Weg zum Kiel 7, Niehagen, T 038220 414, www.pension-bradhering.de, DZ 85–120 €

Tisch und Bank am Boddenufer
Das Töpperhus **6**
Ein reetgedecktes Fachwerkhaus, dessen weitläufiger Garten unmittelbar an den Schilfsaum des Saaler Boddens grenzt.

Eine 2-Zimmer-Ferienwohnung und drei 1-Zimmer-Apartments für jeweils 2 Personen befinden sich in der zum Bodden gelegenen Hausseite. Dazu gibt es eine Gemeinschaftsterrasse sowie verschiedene Sitzecken im Garten. Was für eine Idylle!

Bauernreihe 8a, Niehagen, T 038220 801 16, www.toepperhus.de, FEWo ab 70 €. Öffnungszeiten der Töpferei: Mo – Sa 10–13, 16–18, So 10–13 Uhr

🍴 Satt & glücklich

Zu empfehlen sind die Restaurants in den oben genannten Hotels Namenlos und Fischerwiege. Wenn Sie im Namenlos einkehren (sehr lecker ist dort der Kuchen!), achten Sie auf den von Friedemann Löber gestalteten Ofen. Auch die Lampenschirme und die Vasen präsentieren Fischlandkeramik pur. Wirklich schön!

Schlemmen & Schlummern
Restaurant Ginger **1** & Künstlerquartier Seezeichen **2**
Zwei Hotel-Restaurants an der Dorfstraße in einer Hand (beide: www.seezeichen-hotel.de). Das **Restaurant Ginger** befindet sich im Hotel Elisabeth von Eicken, dem charmanten ehemaligen Wohn- und

Vom Meer geformt – das Hohe Ufer

Die Steilküste erstreckt sich von Ahrenshoop bis kurz vor die Seebrücke von Wustrow. Man kann oben auf dem Kliff entlanglaufen oder besser noch den Strandweg am Flutsaum wählen. Aber Achtung: Das Wasser reicht je nach Wind an einem kleinen Abschnitt bis an die Steilwand heran. Dann hilft nur Wellenhüpfen.

Ausgangspunkt Grenzweg: Zunächst ist der Strand noch breit, sanfte Wellen überspülen eine flache, ein Stück ins Meer herausragende Sandbank – geschützt hinter einem bogenförmigen Wall von **steinernen Wellenbrechern**. Ist das eine übertriebene Schutzmaßnahme? Nein, denn die Ostsee kann auch anders. Es sind die (vor allem im Winterhalbjahr) heranbrandenden Wellen, die diese beeindruckende Steilküste geschaffen haben. Bei Sturm untergraben sie den Fuß der Steilwand, sodass ganze Partien abbrechen. Die Folge: Entwurzelte Bäume stürzen auf den Strand. Ein bis drei Meter Steilküste verschwinden jährlich im Meer, in manchen Jahren auch mehr.

Romantisch und gefährdet, uralt und doch vergänglich ...

Uferschwalben im Steilufer

Das Steilufer ist ein ideales Terrain für die als gesellige Koloniebrüter bekannten **Uferschwalben** (Riparia riparia). Gegen Ende April/Anfang Mai kehren sie aus ihren afrikanischen Winterquartieren an die Ostseeküste zurück. Wenn sie keine bereits vorhandene Brutröhre in Beschlag nehmen können, graben sie sich mit Schnabel und Krallen armtief in die steile Wand, polstern das hintere, etwas erweiterte Ende mit Halmen und Federn aus, und das Brutgeschäft kann beginnen.

Die **Elternvögel** sind ein Team. Beide brüten (nach 14 bis 16 Tagen schlüpfen die Jungen), beide füttern (nach 18 bis 23 Tage verlassen die Jungen die Bruthöhle). Ein Teil der Uferschwalben brütet noch ein zweites Mal, doch spätestens Ende September kehrt wieder Ruhe ein.

Die **Interessengemeinschaft Hohes Ufer** will das weitere Abbröckeln der Küste mit dem Bau von Buhnen stoppen. Geschätzte Kosten: 1,75 Millionen Euro, Info und Spendenkonto: www.hohesufer-ahrenshoop.de

Bunker und Seebrücke

Die **Seebrücke von Wustrow** rückt näher. Der Strand wird schmaler. Wie groß die Abtragung an diesem Küstenabschnitt ist, machen die abgestürzten, mit bunten Graffitis bemalten Bunker deutlich – einer noch in Ufernähe, der andere schon ein ganzes Stück draußen im Meer. Sie gehören zu einem unterirdischen Bunkersystem, das in **DDR-Zeiten** von der Nationalen Volksarmee (NVA) als technische Beobachtungsstation genutzt wurde.

Nicht gerade schön, aber was tun? Über die Eigentums- und Zuständigkeitsfrage wie auch über die Entsorgung der tonnenschweren Betonklötze ist hinreichend diskutiert worden. Da aber von ihnen keine Gefahr ausgeht, hat man sie als ›Sehenswürdigkeit‹ akzeptiert. Das Hohe Ufer verliert an Höhe und verläuft schließlich im Sande. Direkt an der Seebrücke liegen zwei Lokale, hier kann man sich mit Blick über das Meer für den Rückweg stärken. Am schönsten ist natürlich eine Rundwanderung. Am Strand hin und oben auf der Steilküste zurück.

INFOS

Tourlänge: Von Ahrenshoop (Grenzweg) bis Wustrow (Seebrücke) ca. 3,5 km, gut eine Stunde Wanderzeit. Ausgangspunkt: Parkplatz am Einkaufszentrum/Bushaltestelle. Alternative: Parkplatz Kunstmuseum (von hier führt der ›Weg zum Hohen Ufer‹ an die Steilküste).

RÜCKWEGVARIANTEN

Abstecher: Zu Fuß oben entlang der Steilküste – mit Abstecher zum Bakelberg (▶ S. 45) oder mit dem Bus – in der Saison stündliche Busverbindung zwischen Ahrenshoop und Wustrow.

Faltplan: C 4

»Schreitender Paul Müller-Kaempff« auf dem Bakelberg, mehrfachmannshoch und in knallrosa. Ich glaub, ich guck nicht richtig.

Atelierhaus der Mitbegründerin der Künstlerkolonie (Dorfstraße 39, T 038220 66 95 35, regionale, kreative Küche, 3-Gang-Menü 39 €). Schräg gegenüber, zum Meer hin, bietet das stilvolle

---

MÜHLE AHRENSHOOP

In der neu aufgebauten alten **Mühle** ❸, die man schon auf den Gemälden der ersten Künstlergeneration entdeckt, backt wieder ein Bäckermeister leckere Kuchen. Die Lage fern der Autostraße und Touristenströme ist wunderbar, im Sommer sitzt man im Garten mit Blick auf die angrenzende Weide mit einer kleinen Herde von Schafen bis hin zum Bodden. Im Malwerk werden wechselnde Ausstellungen sowie Kurse im Bereich Kunst und Literatur angeboten. Und wer danach Lust auf eine himmelsnahe Unterkunft am Bodden hat, sollte einfach mal auf der Website vorbeischauen.

Feldweg 7, T 038220 66 83 43, www. muehle-ahrenshoop.com, tgl. 11-18 Uhr

---

moderne **Künstlerquartier Seezeichen** im Garten und auf mehreren Terrassen ein großartiges Frühstück (bis 13 Uhr), abends biogeprägte hochpreisige Gourmetgenüsse im Restaurant Silhouette.

Dorfstr. 22, T 038220 67 97 24, ab 20 €

Traumhafte Lage
Buhne 12 ❹

Eine windgeschützte Terrasse oberhalb des Strandes mit Blick aufs Meer und die berühmten Pappeln, leckere Kuchen, schmackhafte Küche, der Service freundlich. Die Buhne 12 ist ein beliebtes Café (wunderbar zum Sonnenuntergang), ohne Reservierung ist es nicht nur abends schwer einen Platz zu ergattern.

Grenzweg 12, Ahrenshoop, T 038220 232, ab 11 €

Stimmiges Ambiente
Restaurant Am Kiel ❺

Wohnen kann man hier, aber auch lecker essen, gekocht wird, wenn möglich, mit Zutaten aus der Region. Zander, Ente, alles ansprechend zubereitet. Sonnige Terrasse.

Boddenweg 12, Niehagen, T 038220 66 97 21, www.hoteluntermreetdach.de, tgl. geöffnet, Nov.–April nur abends, HG 10–17 €

Räucherfisch & Räucherkorn
Räucherhaus ⑥

Beliebtes Imbiss-Restaurant am Althäger Hafen. In der Saison von April bis Oktober gehen jeden Tag um 11.30 Uhr an der Reuse die Öfen auf und locken mit dem köstlichen Duft von geräuchertem Aal, Makrele und Lachs. Entsprechend hoch ist der Hauptsaison der Besucherandrang. Das Fischgeschäft bietet selbstgeräucherten Fisch, auch fangfrischen Bodden- und Ostseefisch, dazu ein Bier vom Fass oder ein Räucherkorn, tgl. 9–18 Uhr. Ebenso beliebt ist übrigens der reetgedeckte Fischkaten am Parkplatz vor dem Einkaufszentrum in Ahrenshoop.

Stöbern & entdecken

Nichts wie rein
Bunte Stube

Eine Ahrenshooper Institution, das unverwechselbare Äußere verdankt sie dem Bauhausarchitekten Walter Butzek (1929). Wer die **Bunte Stube** ④ betritt, bekommt Lust, sich etwas zu gönnen. Im Angebot sind Bücher, Kalender, Kunsthandwerk und Naturwaren, im Kunstkabinett werden außerdem wechselnde Ausstellungen gezeigt.

Dorfstr. 24, T 038220 238, www.bunte-stube. de, Mai–Okt. Mo–Sa 10–18, So 13–17, Juli/ Aug. Mo–S 10–18.30, So 13–17 Uhr, Feb.–März Di–Sa 11–18, April Di–Sa 10–18, Nov.–Jan. Do–Sa 11–17 Uhr

Öko-Köstlichkeiten
Sommerfrischemarkt Ahrenshoop ①

Mitte Mai–Ende Sept. Do 9–14 Uhr, auf der Wiese neben dem Parkplatz/ Einkaufsmarkt. Obst, Gemüse, aber auch Honig und Öle, Räucherfisch und Produkte aus Ziegenfleisch gibt es hier zu kaufen.

Zum ersten, zum zweiten …
Strandhalle ②

Veranstaltungshaus und Ausstellungsgebäude in einem. Gezeigt werden Werke zeitgenössischer Künstler und auch die Kunst der Künstlerkolonie. Das angeschlossene Gästehaus bietet

---

DIE MALHÜHNER

Da Frauen erst 1919 zum Kunststudium an den Hochschulen zugelassen wurden, blieb ihnen bis dahin nur das Studium in privaten Malschulen – wie die von Müller-Kaempff 1892 gegründete Malschule St.Lucas. Fortan prägten die als ›Ahrenshooper Malhühner‹ verspotteten Künstlerinnen das Dorfbild: »Wohin man schaute – überall saß jemand zeichnend auf einem Stühlchen oder stand vor einer Staffelei, und besonders beliebte Motive wie das Dornenhaus waren förmlich umlagert«, erinnert sich die deutsche Schriftstellerin Käthe Miethe, die seit 1901 mit ihrer Familie jeden Sommer auf dem Fischland verbrachte.

---

ausreichend Platz für Studien-, Mal- und Künstlergruppen.

Dorfstr. 16 b, T 038220 825 22, tgl. 10–18 Uhr, im Winter 10–13, 14–16 Uhr.

Keramik & Kunst
Dornenhaus Ahrenshoop ③

Das geschichtsträchtige Dornenhaus (S. 46) ist schon allein für sich ein attraktives Maler- und Fotomotiv. Um 1660 direkt am historischen Grenzgraben zwischen Mecklenburg und Vorpommern erbaut, blickt es auf eine lange Geschichte als Bauern-, Seefahrer- und Zollhaus zurück. Seinen Namen gab ihm der windgebeugte Weißdorn, der das Haus zu früheren Zeiten einst umgab. In den 1950er Jahren quartierten hier vorübergehend Bertolt Brecht und Helene Weigel, zu DDR-Zeiten der Kindergarten der Gemeinde Ahrenshoop. Seit Ende der 1990er Jahre beherbergt das denkmalgeschützte Ensemble die Keramikwerkstatt Friedemann Löber und eine Galerie mit Wechselausstellungen (meist) zeitgenössischer Künstler, Lesungen und Konzerten.

Bernhard-Seitz-Weg 1, T 038220 809 63, www. dornenhaus.de, in der Saison tgl. 10–18 Uhr, im

Winter 2 oder 3 Ruhetage in der Woche. Tipp: Vermietet wird auch eine Ferienwohnung für 2 Pers./55 € pro Tag. Ebenerdig, einfach, aber gemütlich, mit Boddenblick

---

Sport & Aktivitäten

Töpfern
Atelier Müller-Schoenefeld ❶
Im Veranstaltungskalender stehen zahlreiche Kursangebote, darunter töpfern für Anfänger und Fortgeschrittene im **Atelier Müller-Schoenefeld**. Hier kann man auch nur mal zum Gucken vorbeischauen.
Schifferberg 22, T 0173 815 26 97

Malen
Carola Pieper ❷
Kurse im Zeichnen, Malen und Druckgrafik bietet **Carola Pieper** in wunderbarer Lage am Bodden an.
Atelier Carola Pieper, Althäger Str. 40, T 038220 806 19, www.carolapieper.de

Ein familiärer kleiner Reitbetrieb
Islandpferdehof Fischland ❸
Anfängerkurse beginnen mit dem Aufsatteln und enden schließlich mit einem kleinen Ausritt. Fortgeschrittene Reiter absolvieren längere Geländeritte, sie können wie die Profis Springen lernen und auch Tölt und Pass ausprobieren, die besonderen Gangarten der Islandpferde.
Weg zum Kiel 12, Niehagen, T 038220 693 28, www.islandpferdehof-fischland.de

---

Wenn die Nacht beginnt

Rooftop Bar
Das Weitblick ❄
Die Bar liegt im 5. Stock des Hotels The Grand. Der Blick über die Ostsee und die kilometerlange Küste ist atemberaubend schön. Hier lässt sich der Sonnenuntergang stilvoll bei einem Cocktail genießen, sehr angenehm, hier den Tag ausklingen zu lassen. Nachmittags gibt's hier Kaffee und selbstgebackenen Kuchen, jeden Donnerstag (ab 20 Uhr) Live-Piano.
Schifferberg 24, T 038220 67 80, www.the-grand.de, tgl. ab 13 Uhr,

---

TERMINE

Kurverwaltung Ahrenshoop:
Kirchnersgang 2, 18347 Ostseebad Ahrenshoop, T 038220 66 66 10, www.ostseebad-ahrenshoop.de, Mitte Juni–Mitte Sept. Mo–Fr 9–18, Sa/So 10–15, sonst Mo–Fr 10–16/17, Sa 10–15 Uhr
Geführter Spaziergang durch die Künstlerkolonie Ahrenshoop: ganzjährig, April–Nov. Mi 10–12.30 Uhr, Dez.–März Mi 11–13.30 Uhr, ab Kurverwaltung, kostenlos für Kurkarteninhaber
Jazzfest: 4. WE im Juni. Livemusik von Jazzgruppen an mehreren Open-Air-Auftrittsorten.
Tonnenabschlagen: 3. So im Juli, abends traditioneller Reiterball
Ahrenshooper Kunstauktion: 1. Sa im Aug., versteigert werden Werke von Künstlern aus Ahrenshoop und der gesamten Ostseeregion.
Lange Nacht der Kunst: 3. Sa im Aug., alle Kunsthäuser, Galerien und Werkstätten haben bis Mitternacht geöffnet, verschiedene Veranstaltungen und Vorführungen, Eintritt 10 € (bis 18 J. frei).
Ahrenshooper Filmnächte: im Sept., im The Grand. Viele Regisseure und Darsteller sind vor Ort.
Althäger Fischerregatta: 3. Wochenende im Sept. Die letzte der Zeesboot-Regatten auf den Boddengewässen der Region, mit Hafenfest, Markt und Tanz.
Literaturtage: Ende Sept., Anfang Okt. Lesungen und Vorträge an vielen verschiedenen tollen Orten in Ahrenshoop

---

IN DER UMGEBUNG

Zum höchsten Berg der Region
Wunderschön ist das Wandern entlang der Steilküste zwischen Ahrenshoop und Wustrow. Man kann am Strand entlanglaufen (▶ S. 40) oder oben auf dem Kliff mit Panoramablick übers Meer. Raps- und Getreidefelder reichen bis fast an die Abbruchkante heran, im Sommer

Das Leben ist kein Ponyhof? Wer sagt denn sowas? Ein Reiturlaub auf dem Fischland und Darß bedeutet genau das Gegenteil, inklusive gemeinsamem Bad von Ross und Reiter.

blühen Kartoffelrosen, im Herbst leuchtet der Sanddorn. Schilder warnen vor Abbrüchen am Kliff, an manchen Stellen ist der Weg aus Sicherheitsgründen weiter ins Landesinnere verlegt. Etwa auf halbem Weg erhebt sich landeinwärts die flache Kuppe des **Bakelbergs** (🗺 C 4) – mit knapp 18 m über dem Meeresspiegel die höchste Erhebung des Fischlandes. 2017 wurde hier zum 125-jährigen Jubiläum der Künstlerkoloni eine fünf Meter hohe Figur des Pop Art Künstler Moritz Götze (geb. 1964) aufgestellt: Paul Müller-Kaempff in Pink, selbstredend aus witterungsbeständigem Bootsbausperrholz. Zu Lebzeiten wird er diese Aussicht oft genossen haben, über die Ostsee auf der einen und den Saaler Bodden auf der anderen Seite.

Stille Winkel

In **Althagen** (🗺 D 4) und dem sich anschließenden **Niehagen** (🗺 D 4) folgt ein stiller Winkel auf den anderen. Noch immer bestimmen Katen das harmonische Dorfbild. Ihre Bewohner verdienten ihren Lebensunterhalt in der Landwirtschaft, als Fischer auf dem Bodden und als Handwerker, bevor sie als Matrosen auf Segelschiffen anheuerten. Als Ortsteile gehören die Boddendörfer seit 1950 zur Gemeinde Ahrenshoop. Die Bäderstraße – in diesem Abschnitt Althäger bzw. Niehäger Straße genannt – verbindet sie, streift die Dörfer aber nur am Rande. Die Ruhe und Abgeschiedenheit schätzten seit jeher Maler, Schriftsteller und Töpfer. Die Schriftstellerin und Fischland-Chronistin Käthe Miethe lebte in Althagen in einem Katen an der Dorfstraße (Nr. 20), in dem sie 1961 starb. Der renommierte Bildhauer und Grafiker Gerhard Marcks übernahm Anfang der 1930er Jahre eine alte rohrgedeckte Büdnerei in Niehagen (Boddenweg Nr. 1): Von seinem Haus führte ein Pfad an den Bodden. Wegen seines Protests gegen die Entlassung zweier jüdischer Kolleginnen an der Kunstgewerbeschule Burg Giebichenstein musste er 1933 seinen Lehrstuhl in Halle räumen. Noch immer verzaubern diese kleinen Boddendörfer Künstler und Menschen, die auf der Suche nach Ruhe sind. Ein bildschöner Weg verläuft zwischen Schilfgürtel und Rohrdachkaten, vorbei an vielen Keramikwerkstätten (▶ S. 46).

 # 5

Sehnsuchtsorte –
töpfern am Bodden

**Frei gebaut, geritzt und bemalt – um 1955 ent-
wickelte das Künstlerpaar Frida und Wilhelm
Löber in Althagen die berühmte Fischlandkeramik, anfänglich in Zusammenarbeit mit Arnold
und Bärbel Klünder in Niehagen. Die Nachfahren
von beiden Paaren töpfern noch heute – in alten
Katen und Gehöften – mit freiem Blick über den
Bodden.**

Ohne das verwitterte Schild würde man den
schmalen Pfad wohl übersehen, der dem alten Grenzgraben folgend zum **Dornenhaus** 🛈
führt. 1995 kaufte Friedemann Löber das seit
dem Auszug des Gemeindekindergartens (1989)
leerstehende und verfallende Gebäude und baute es zusammen mit seiner Frau (der Galeristin
Renate Löber) wieder auf. Der Keramikmeister
setzt die Tradition seiner Eltern fort: Vor Ort ent-
steht die berühmte Fischlandkeramik. Die blau-
graue, seltener grüne Gebrauchskeramik zeigt
Motive aus der Region: Fische, Libellen, Kraniche, Windflüchter ... jedes Stück ist ein Unikat.
Nur hereinspaziert! Die große Diele strahlt Ge-
mütlichkeit aus – vor allem im Winterhalbjahr,
wenn im Ofen ein prasselndes Feuer Hände und
Herzen wärmt.

*Praktisch, nützlich und
bildschön: Keramik aus
der Werkstatt von Uta
Löber*

Wo alles begann

Dem Bernhard-Seitz-Weg folgend muss man einen kleinen Schlenker über die Althäger Straße in Höhe des Kunstmuseums machen, um gleich wieder in den H.-Abeking-Weg einzubiegen und diesem bis zum Ende folgen. Parallel zum Bodden verläuft nun der Wanderweg: Zur Linken schweift der Blick über Wiesen und Schilf, zur Rechten sind malerische kleine Gehöfte, von denen nicht wenige wirken, als hätten sie schon die Sturmflut von 1872 überstanden. Ein handgetöpfertes Schild verweist auf die **Keramikwerkstatt von Uta Löber**. Sie lebt und arbeitet – mittlerweile in der 3. Generation – in dem rohrgedeckten Katen, in dem einst die ersten feingeritzten Fischlandmuster entworfen wurden. Ihre Mutter Ella, die über Jahrzehnte in der Familienwerkstatt gearbeitet und das Dekor der Fischlandkeramik mitentwickelt und verfeinert hat, malt noch als 84-Jährige mit ruhiger Hand Fische und Insekten. Auch Uta fertigt Fischlandkeramik in traditioneller Ritztechnik – dünnwandig und zart sind ihrer gedrehten Gefäße. Hinzugekommen sind blaue Iris und gelbe Blüten. Kann man diesen kreativen und zauberhaft stillen Ort ohne einen Blütenteller verlassen?

In der Fulge

Der Wanderweg erreicht die Fulge. Das Haus Nr. 3 war zunächst das Sommerdomizil des Künstlerehepaars Fritz Koch-Gotha (sein bekanntestes Werk ist »Die Häschenschule«) und Dora Koch-Stetter. Nachdem sie in Berlin ausgebombt worden waren, ließen sie sich 1944 dauerhaft hier nieder. Ihre Tochter Barbara heiratete den Maler Arnold Klünder. Die beiden bauten eine Keramikwerkstatt auf, in deren Brennofen die ersten Stücke der später so berühmt gewordenen Fischlandkeramik gebrannt wurden. Nach dem Tod Arnolds übernahm Johann die väterliche Werkstatt – wo er heute gemeinsam mit seiner Frau Katharina arbeitet –, sie liebt kräftige Farben und geometrische Formen. Aber sehen Sie selbst. **Klünders Keramik** liegt versteckt hinter dichtem Liguster, Weißdorn und hohen Birnbäumen.

Alle Töpfer (es gibt mehr, als hier genannt) sind im Ortsplan mit einem K markiert. Einfach reinschauen! Sehr schön ist auch die **bunte Alltagskeramik von Josefine Spies**, Althägerstr. 52, www.toepferei-josefine-spies.de.

INFOS/ÖFFNUNGSZEITEN
Dornenhaus 🏠
(▶ S. 43)
Uta Löber: Althäger Str. 70, T 038220 295, www.utaloeber-keramik.de, tgl. 10–18 Uhr
Johann und Katharina Klünder: Fulge 3, T 038220 264, www.kluender-keramik.de, tgl. ab 10 oder 11 Uhr

Faltplan: D 4

Der Darß

Born hat das Land, Wieck hat den Sand, Prerow den Strand. Kurz und treffend beschreiben die alten Zeilen den Charakter der drei traditionsreichen Fischer- und Bauerndörfer. Beim Bummel durch die teilweise noch kopfsteingepflasterten Straßen entdeckt man so manches Kleinod aus alten Zeiten. Die Boddenhäfen wirken heute eher verträumt als geschäftig. Das Ostseebad Prerow ist dank seiner traumhaften Strände das touristische Zugpferd der Region.

Born ⌖ E/F 3/4, Cityplan S. 56

Das hübsche Boddendorf lohnt einen Abstecher von der Bäderstraße. Eingebettet zwischen Wiesen, Wald und Bodden ging das Leben hier immer seinen eigenen Gang. Auch in der Zeit der Segelschifffahrt, als ein Großteil seiner Bewohner zur See fuhr, hielten die Borner immer an der Landwirtschaft und dem Fischfang fest.

Chillen am Bodden

Ihre Häuser und Gehöfte sind großzügig verteilt, viele nur durch einen Wiesenstreifen und den Schilfgürtel vom Boddenufer getrennt. Alle paar 100

JÄGER IN BORN

Der Darßer Wald war das Jagdrevier der Herrschenden. Wo später das Dorf Born entstand, unterhielten die Pommernherzöge ein Jagdhaus. 1635 beförderte der schwedische Reichskanzler Axel Oxenstierna den diensthabenden Jäger zum Oberförster. Um 1780 erhielt das morsche Haus der Oberförsterei eine neue Hofanlage mit mehreren Gebäuden. Seit 1996 residiert hier das **Forst- und Jagdmuseum Ferdinand von Raesfeld** **1**. Raesfeld (1855-1929) hat sich als Förster um die Aufforstung des Darßwaldes verdient gemacht. Das wohl beeindruckendste Ausstellungsstück des Museums ist ein Ganzkörperpräparat zweier Hirsche im Brunftkampf (Chausseestraße 64, in der Saison Di–So 10–16 Uhr, sonst Di–So 13–16 Uhr). In den 1970er Jahren wurde die Staatsjagd Born gegründet. Das nördlich des Dorfes neu erbaute Dienstgebäude im Darßer Wald beherbergt die Verwaltung des Nationalparks Vorpommersche Boddenlandschaft (Im Forst 5, keine Besichtigung).

Meter führen schmale Pfade zwischen den Häusern hindurch zu einer Lücke im Schilf, zu einem kleinen Stichhafen mit hölzernem Bootsanleger. Oftmals steht dort eine Bank, die zum Verweilen einlädt - mit Blick hinüber zu den Bülten genannten Gras- und Schilfinseln, auf denen manchmal auch ein Baum steht. Wer das idyllische Schilf-Ufer von der Boddenseite betrachten möchte, unternimmt am besten eine Tour mit dem **Zeesboot Bernstein** (▶ S. 54).

UNTERWEGS IM DORF

Der **Hafen** **2** ist ein günstiger Ausgangspunkt für einen Dorfbummel, parken kann man hier, auch in schönem Ambiente (bio) speisen, nach den Zeiten für die Bootsausflüge schauen und dann einfach mal losbummeln.

Den Hafen im Rücken folgt man der Chausseestraße, egal ob rechts herum oder links herum, denn sie umschließt in einem markanten 90 Grad Winkel das alte Schulzentrum – heute ist es die Spielstätte des **Darßer Sommertheaters** **3** sowie Veranstaltungsort der Borner Maskenbälle. Eine Ausstellung der Masken befindet sich in der alten **Gutzmann-Schule** **4**, Chausseestr. 90. Man kann von außen durch Gucklöcher in den Fenstern hineinschauen. Mittendrin im Schulkomplex steht noch ein riesiges flaches Gebäude als Relikt aus DDR-Zeiten. Ein beachtlicher Kontrast zu den vielen bildhübschen holzverschalten Fachwerkhäuschen drumherum. Im Bäckergang baute Kapitän Carl von Petersson 1833 den **Peterssons Hof** **5**, das erste Hotel auf dem Darß, das es auch heute noch gibt. Die 400 bis 500 Jahre alte (mittlerweile arg heruntergeschnittene) Linde vor dem Haus bildete seit jeher den Mittelpunkt des Dorfes. Ein besonders beliebtes Fotomotiv ist das in kräftigem Gelb gehaltene Haus in der **Schulstr. 2** **6**, mit Rohrdach und viel Deko im gepflegten Vorgarten. Der Briefkasten ist übrigens eine Kopie des Hauses.

Fischerkirche

Die am Rande des großen Festplatzes gelegene **Fischerkirche** 7 erreicht man über die Straßen Im Moor, Bäckergang und Kirchweg. Der 1934/1935 nach einem Entwurf des Hamburger Architekten Bernhard Hopp errichtete Holzbau passt mit Rohrdach, kleinen gesprossten Fenstern und Holzschalung gut zu der traditionellen Bauweise Borns. Dem hohen, hölzernen Tonnengewölbe verdankt die Kirche ihre ausgezeichnete Akustik. Die Orgel aus dem Jahr 1991 war das Meisterstück des renommierten (Plauer) Orgelbauers Andreas Arnold.

Kirchweg, in der Saison geöffnet, Gottesdienste Sa 18 Uhr/ im Winter jeden 4. So um 14 Uhr. Sehr stimmungsvoll sind die Konzerte und literarisch/ musikalische Abende (in der Saison Mo und Fr)

⌂ **In fremden Betten**

Genießen am kleinen Hafen
Walfischhaus

Die Lage ist ebenso nett wie das ganze Ambiente, sieben Zimmer mit nordischem Flair, vier davon verfügen über eine Terrasse oder Balkon mit Hafenblick. Empfehlenswert ist auch das Café- Restaurant. Die Speisen werden frisch zubereitet, vorzugsweise mit Produkten aus der Region – Fisch aus Bodden und

---

ES WAR EINMAL ...

Der Name Ibenhorst erinnert an die Eiben, die einst im Darßer Wald standen. Heute gibt es nur noch wenige Exemplare. Eiben wachsen langsam, ihr festes, schön gemasertes Holz war begehrt und fand u.a. als Innenraumvertäfelung in den dänischen Schlössern Amalienborg und Rosenborg Verwendung, wo man es noch heute bewundern kann (Born gehörte von 1715 bis 1720 zum Königreich Dänemark).

Ostsee, Rindfleisch vom Darß und vegetarische Gerichte (Do–Di ab 12 Uhr).

Chausseestr. 74, T 038234 557 84 (Pension), 038234 55786 (Restaurant), www.walfischhaus. de, DZ ab 140 €, Tageskarte 10–18 €

Im Darßer Wald
Jugendherberge Born-Ibenhorst 2

Die Herberge liegt etwa 3 km außerhalb von Born mitten im Darßer Wald. Man wohnt in 12 Bungalows, Schwedenhäusern aus Holz (alle Zimmer sind mit Dusche/WC ausgestattet) oder im Zelt. Zum Weststrand sind es durch den Wald knapp 3 km. Nicht weit zu Fuß, aber mit

Wie ein Zauberwald wirken die Bäume im goldenen Nachmittagslicht: Pfeifengraswiesen gehen über in Blaubeer-Kiefernwald, gesäumt von dunklen Erlenbrüchen und schmalen Streifen heller Birken.

6

Wild, schön und dicht am Meer – **der Darßwald**

Wenige Kilometer hinter dem lichtdurchfluteten Künstlerdorf Ahrenshoop verschwindet die Autostraße im grünen Schweigen des Darßwaldes. Man sieht den Wald vor lauter Bäumen nicht? Eher im Gegenteil: Vor lauten Bäumen sieht man nur den Wald. Meer und Bodden scheinen Lichtjahre entfernt, wenn man links auf den Parkplatz Drei Eichen abzweigt.

Die große Informationstafel am nördlichen Ausgang des Parkplatzes lässt keinen Zweifel daran, dass man mitten drin ist, in einem ganz besonderen Wald. Im Südosten des gut 5000 Hektar großen Waldgebietes erstreckt sich der **Altdarß** – ein vor 18 000 Jahren von den Schmelzwasserströmen der Gletscher der letzten Eiszeit geschaffener Inselkern.

Im Wald, wo einst die Fische schwammen

Mannshoher Adlerfarn säumt den Mecklenburger Weg, der vom Parkplatz Richtung Nordosten führt. Nach links zweigen die Wege zum Meer ab, doch erst einmal geht es weiter geradeaus zum ehemaligen Meeresufer. Das heute noch bis zu acht Meter hohe Kliff, an das vor drei Jahrtausenden noch die Ostsee brandete, zieht sich quer durch den Wald und ist gekrönt von prachtvollen Buchen. Dass sich hier nach der Eiszeit noch die Fische tummelten, ist nur schwer vorstellbar.

Man sieht nur, was man weiß

Nördlich des Kliffs schließt sich der geologisch sehr junge **Vordarß** an. Er entstand in Etappen – analog zum Meer – durch Anlandung, die vor etwa 3000 Jahren begann. Deutlich sichtbar wechseln Dünenhöhen mit Dünentälern, der Höhenunterschied liegt oft unter einem Meter, ist aber für die Vegetationsentwicklung von entscheidender Bedeutung: Auf den trockenen, oft-

B
BRUNFT

Etwa ab Mitte September beginnt die **Paarungszeit der Rothirsche**. Ein grandioses Naturschauspiel, u.a. auf der Buchhorster Maase, einer 54 Hektar großen Lichtung im Darßer Wald. Die begehrten **Exkursionen** am besten **früh buchen**: www.nationalpark-vorpommersche-boddenlandschaft.de

mals mit Buchen bestandenen Strandwällen (Reffen genannt) wächst eine andere Flora als in den feuchten, moorigen Senken (Riegen) mit Erlen, verschiedenen Weidearten und Birken. Immergrüner Efeu und Jelängerjelieber umschlingen viele Bäume.

Ein Urwald?

Der Eindruck täuscht. Bis zur Gründung des Nationalparks (1990) wurde der **Darßwald** forstwirtschaftlich genutzt. Schnurgerade Entwässerungsgräben durchziehen den Wald. Jahrhundertelang wurde hier Holz geschlagen. Großflächigen Kahlschlägen folgte die Aufforstung mit schnellwüchsigen Nadelhölzern, die heute düstere Stangendickichte bilden. Um die Jagdfreuden und -erfolge zu erhöhen, wurden Hirsche mit Futter gelockt. Entsprechend (zu) hoch war der Wildbestand, der an den Jungbäumen knabberte.

Haltlos am Meer

Nur ein paar Schritte sind es von mitten im Wald bis an den Strand: Vorhang auf für den **Weststrand** – den wildesten und schönsten Strand der Ostsee. Im Sommerhalbjahr wirkt das Meer meist milde, aber man kann ahnen, wie die Herbst- und Winterstürme gegen das Land wüten. Mächtige alte Buchen und Kiefern hängen über dem Abgrund, stürzen haltlos auf den Strand – als sie jung waren, lag ihr Standort noch 100 oder 150 Meter vom Strand entfernt. Die Strömung transportiert den freigespülten Sand und die losgerissene Erde gen Norden zum Darßer Ort. Das Meer gibt, das Meer nimmt.

Baden in Waldluft.
Sonnenwarmer Strand.
Einfach perfekt.

INFOS/ÖFFNUNGSZEITEN

Wilder Wald am Meer: Die Ranger-Führung ist ganzjährig im Angebot. Sie beginnt in der Regel am Parkplatz Drei Eichen und dauert rund drei Stunden. Eine Spende für den Nationalpark ist erwünscht.

Faltplan: D/E 2/3

 # 7

Entschleunigung auf dem Bodden – **eine Zeesbootfahrt**

In dem kleinen Hafen von Born liegt das Zeesenboot ›Bernstein‹ vor Anker, voll aufgetakelt, ein schönes Boot – 1921 in Stralsund gebaut und bis 1968 als Fischerboot genutzt. Skipper ist heute Martin Rurik, gelernter Bootsbauer. Er hat das Zeesboot 2006 gekauft und restauriert, seit 2009 nimmt er Gäste an Bord.

Es riecht nach frisch bearbeitetem Holz, nach Farbe und Teer. Jeder Gast wird persönlich begrüßt – vom Skipper oder von seinem zweiten Mann an Bord wird ihm die Hand ins Boot gereicht. Ein herzliches, handfestes Willkommen.

Um auf den Bodden zu kommen, wirft der Skipper den Motor nur an, wenn die Zeit drängt … Sie drängt nicht, die Segel sind aufgezogen, Leinen los, wie von Zauberhand bewegt sich das Boot, und schon bald blähen sich die Segel im leichten Sommerwind. Die **Zeesenfischerei** gehört der Vergangenheit an, aber noch immer prägen die robust gebauten Segelschiffe das Erscheinungsbild der Boddenküste. Nicht schneeweiß, wie man sie von Freizeitjachten kennt, sondern rotbraun sind ihre Segel, mal dunkler, mal ein bisschen heller: In früheren Zeiten wurden sie mit Holzteer, Lebertran, Gerblauge aus Eichenrinde und Rindtalg imprägniert, um sie haltbarer zu machen. Jeder Schiffer hatte sein eigenes Rezept.

De Zeese ist dat Nett …

Die Wellen schlagen an die Bordwand, einen Moment wird es ganz still. Nichts als Wind und Wellen. Zeit, innezuhalten und den Gedanken nachzuhängen, dann wird eine Frage gestellt, eine weitere folgt, der Schiffer hat viel zu erzählen: von alten Zeiten, als die Zeesenfischer zum Fang ausfuhren.

Dabei wandten sie eine besondere **Fangmethode** an: Beim Fischen trieben die relativ breiten Boote quer vor dem Wind und zogen die Zee-

P
PLATT

Der **Hochdeutsche** sagt Zeesenboot un de **Plattschnackers** säggen Zeesboot.

*Segeltörn auf dem Bod-
den: leichte Wellen, eine
sanfte Brise und einfach
mal die Seele baumeln
lassen*

se, ein sackförmiges Schleppnetz, seitlich hinter
sich her. Damit die Öffnung des Netzes trotz der
geringen Bootslänge weit genug war, wurde es
vorn und achtern an »Bäumen« befestigt, die
über die Länge des Bootsrumpfes hinausragten.
Je nach Jahreszeit, Fanggebiet und Netzart fing
man Aal, Hecht, Plötz, Barsch oder Stint. Saison
war vom Ende des Eises bis zum Frosteintritt.
Heute geht es nur noch einmal im Jahr auf Zee-
senfang nach traditioneller Art, auch die ›Bernstein‹ ist mit dabei.

Wettfahrten vor dem Wind

Dass die Zeesboote nicht vom Bodden verschwunden sind, ist auch einem Bodstedter Fischer zu verdanken, der **1965** zur **ersten Regatta**
aufrief. Eine verrückte Idee? Die Zeesboote sind
nicht besonders schnittig, für Wettfahrten wenig
geeignet? Ein Irrtum. Martin Rurik klopft auf das
hölzerne Deck, sie sind tüchtige Am-Wind-Segler.
Der Wind hat aufgefrischt. Gischt spritzt über das
Deck. Rurik steht an der Pinne und weist auf den
dichten Schilfgürtel und die Reihe dem Bodden
zugewandten Häuser.

Viele von ihnen haben einen eigenen Steg am
Wasser, nach der politischen Wende haben die Eigentümer aufgepasst: Die Bootsstege, die damals
registriert wurden und eine Nummer erhielten,
dürfen erhalten bleiben. Diese kleinen Anleger
im Schilf sind auch so ein kleines zauberhaftes
Stück Darß.

INFOS/ÖFFNUNGSZEITEN
**Aktuelle Termine/Bu-
chung:** T 0174 442 17
50, www.zeesbootfahr
ten.de, Mai–Okt., tgl. 10
und 18 vom Hafen Bods-
tedt, 12, 14 und 16 Uhr
vom Hafen Born, Dauer
ca. 1,5 Std., 14 €
www.braune-segel.de:
Wissenswertes über Ge-
schichte, den Bau- und
Erhaltungszustand der
gegenwärtig noch exis-
tierenden Zeesenboote,
Links zu den Booten, die
Gäste mitnehmen sowie
Termine für Regatten.

Faltplan: F 4

Sehenswert

1 Forst- und Jagd-
museum Ferdinand
von Raesfeld
2 Hafen
3 Darßer
Sommertheater
4 Gutzmann-Schule,
Maskenausstellung

5 Peterssons Hof
6 Schulstr. 2
7 Fischerkirche

In fremden Betten

1 Walfischhaus
2 Jugendherberge

Satt & glücklich

1 Café TonART
2 Mühle Born

Sport & Aktivitäten

1 Gut Darß
2 Reiterhof Kafka

---

dem Rad (Verleih vor Ort) geht's noch
schneller.

Ibenhorst 1, Born, T 038234 229, www.jugend
herberge.de, Übernachtung (April–Okt.) ab 24 €

··

 Satt & glücklich

Im alten Kapitänshaus
Café TonART **1**

Etwas abseits gelegen, und doch kein
Geheimtipp mehr. Es ist wunderbar,
sich hier bei schönem Wetter im
grünenden und blühenden Garten
niederzulassen, mit einem großen
Stück frisch gebackenem, duftenden
Kuchen, im Winter mit einem heißen
Sanddornsaft in der gemütlichen Stube
mit rustikalen Holzdielen und individu-
eller Töpferkunst.

Chausseestr. 58, T 038234 559 57, www.cafe-to-
nart.de, Di–So 12–18 Uhr

Moderne Landhausküche
Mühle Born ❷
Die Mühle ist keine echte Mühle, ein Besuch lohnt sich aber trotzdem. Hier wird mit Liebe gekocht, frisch und regional sowie mit Freundlichkeit serviert. Im Winter ist die Mühle Born nur abends geöffnet, im Sommer gibt es nachmittags auch selbstgebackenen Kuchen im Garten.

Nordstr. 25, T 038234 472, www.muehle-born. de, Hauptgerichte ab 14 €

 Sport & Aktivitäten

Klettern und Büffel gucken
Erlebnishof Gut Darß ❶ (▶ S. 58)

Grüne Hufe
Reiterhof Kafka ❷
Ponyführen und Unterricht, je nach Wetterlage in der Reithalle (die einzige zwischen Ribnitz-Damgarten und Barth). Angeboten werden auch Ausritte, Kremser- und Kutschfahrten.

Im Moor 17, T 0170 756 94 95, www.reiter hof-kafka.de

INFOS & TERMINE

Kurverwaltung Born: Chausseestr. 73b, 18375 Born a. Darß, T 038234 504 21 (erreichbar von 8–21 Uhr), www.darss.org, ganzjährig Mo–Fr 9–17.30/18, im Mai, Juni, Okt. auch Sa 10–15, Juli–Sept. Sa/So 10–17 Uhr

Kulturstrat/Ortsführungen: In der Saison (Mai–Okt. sowie zum Jahreswechsel) Di 10 Uhr ab Kurverwaltung. Wer lieber auf eigene Faust zu Erkundungstour geht, kann den (insgesamt 13) alten Buhnenpfählen folgen – Infotafeln erzählen Geschichten über die Borner Häuser und deren Bewohner.

Borner Maskenbälle: Sa im Jan./ Anf. Feb. Die Kostüme und Masken entstehen in Handarbeit in den Wintermonaten. Gäste sind willkommen, aber nur wer eine Maske trägt, darf zum Tanz auffordern.

Fastnachtstonnenabschlagen: 3. Sa im Februar und 1. So. im August: Ein Zug kostümierter Reiter zieht durch das geschmückte Dorf zum Tonnenabschlagen am Festplatz.

Darßer Sommertheater: Lesungen, Konzerne, Kabarett- und Theaterabende in der alten Schule im Herzen Borns.

Chausseestr. 90, Born, Kartenvorbestellung T 038234 504 21, Programm http://veranstal tungen.darss.org, April–Okt.

IN DER UMGEBUNG

Holprige Wege führen von Born bzw. von der Bäderstraße nach **Bliesenra- de**. Die malerisch auf einer Landspitze im Bodden gelegene Siedlung (heute ein Ortsteil von Wieck) wurde erst im Jahre 1953 an das allgemeine Elektrizitätsnetz angeschlossen. Mitte des 19. Jh. lebten hier noch 90 Einwohner, eine Fähre verkehrte über den Bodden nach Bodstedt. Heute stehen hier nur noch ein paar Wohn- und Wochenendhäuser und ehemalige Höfe. Wer seine Ruhe haben will, ist hier goldrichtig. Der Boddenblick ist grandios, die Zufahrt über die holprige Betonpiste aber etwas mühselig (Ferienwohnungen unter www.ferien-darss.de).

Ein altes Kapitänshaus – frischer Kaffee und ofenwarmer Kuchen. Herzlich willkommen!

Auf den Büffel gekommen – **Gut Darß in Born**

Bedächtig schreitet eine Herde Wasserbüffel durch die feuchten Uferwiesen nahe dem alten Hafen. Die robusten, genügsamen Tiere fressen Schilf, Binsen, harte Gräser, sogar Disteln. Dürfen die das, mitten im Nationalpark Vorpommersche Boddenlandschaft? Ein Besuch auf Gut Darß.

Durch die Beweidung verhindern die Exoten mit den kühn gebogenen Hörnern das Verschilfen der unzugänglichen Feuchtwiesen. Landschaftspflege ohne den Einsatz von Maschinen, das ist großartig und im Einklang mit dem Naturschutz. Seit Anfang der 1990er hat sich das ehemals Volkseigene Gut (VEG) am nördlichen Dorfrand zu einem vielfältigen Ökobetrieb entwickelt.

Enttäuschte Erwartungen? Nein.

Wer einen kleinen, netten Biohof erwartet, wird enttäuscht. Auf den ersten Blick wirkt **Gut Darß** ❶ unpersönlich. Ein riesengroßer, effizient geführter Betrieb für biologische Fleischproduktion. Zum Gut gehören außer den rund 230 Wasserbüffeln rund 3500 Rinder, 2700 Schafe, nur noch 9 Ziegen (weil sie zu stur waren und viel kaputt knabberten) sowie ein Pferdegestüt. Auf dem weitläufigen Betriebsgelände dominieren modernisierte LPG-Stallungen und riesige Hallen. Besucher werden vor dem Hofcafé begrüßt, bezahlt wird im Hofladen. Beim Warten kann man schon mal einen Blick auf die Speisekarte werfen: Wasserbüffel-Bio-Burger, das klingt interessant. Aber erst einmal zuhören. Wer an einer Führung teilnimmt, darf in Überzieher für die Schuhe schlüpfen und sich auf dem Betriebsgelände umschauen.

Wo sind die Wasserbüffel?

In einem riesigen Laufstall stehen gemütlich kauende Kühe. Die Ställe sind in drei Bereiche aufgeteilt: Laufstall, Kälberbereich und Mast- und Auf-

T
TRAKTOR

4700 Hektar Fläche bewirtschaftet das Gut. Der Fuhrpark (überwiegend der Marke Fendt) ist entsprechend gewaltig. Jeder Treckerfahrer hat hier seinen eigenen Traktor und darf ihn nach Wunsch gestalten!

Nur kein Stress – sich auf der Weide am Schilfufer suhlen, fressen, geduldige Fotografen beschnuppern … und sich auch kraulen lassen? Wohl eher nicht.

zucht. Ein Großteil der Anlagen ist verlassen, die Tiere auf der Weide. Der Frühjahrsaustrieb startet Anfang Mai. Dann werden Mutterkühe und Kälber innerhalb von zehn Tagen auf den landwirtschaftlichen Flächen in der Umgebung verteilt, die Hälfte davon liegt im Nationalpark Vorpommersche Boddenlandschaft. Auch die Wasserbüffel gehen ihrem Job als Landschaftspfleger nach. Oft sind aber trotzdem einige von ihnen vor Ort. Freundlich gucken sie und sehr neugierig.

INFOS/ÖFFNUNGSZEITEN

Gutsbesichtigung ①: Am Wald 26, T 038234 50 60, www.gut-darss.de, Start in der Regel am Hofcafé, Mai–Okt. Mo, Fr 11, im Juli/Aug. zusätzlich Mi 11 sowie Kinderführungen Di, Do 11 Uhr, Eintritt 5 €
Hofcafé/Gutsküche: Leckere Kuchen und herzhafte Snacks. April–Okt. tgl. 10–18/19, Nov. tgl. 11–17, Dez. 11–20 Uhr, Jan.–März reduziert, siehe Website
Wildschwein am Spieß (All-you-can-eat): Mai– Okt., Mo, Fr ab 18, im Juli, Aug. Mo, Mi, Fr, Dez. Fr ab 18 Uhr.

Hofladen: vor allem Fleisch – vom Rind, Kalb, Lamm und Büffel, aber auch das hofeigene Bier Bullenbräu, www.biofleisch-kaufen.com, ganzjährig Mo–Fr 10–17, Sa 10–13 Uhr, in der Saison länger
Erlebnishof: Kinder würden am liebsten jeden Tag hierher kommen. Das Gut bietet viele Attraktionen für Familien, darunter Adventure Minigolf (in der Saison tgl. 11–17), Eisstockschießen und einen Kletterwald (in der Saison tgl. 10–17 Uhr)

Faltplan: E 3 | Cityplan S. 56

Wieck ⬦ F/G 3

Was auf Born zutrifft, gilt auch für das ehemalige Fischerdorf Wieck. Der beschauliche Erholungsort erstreckt sich fern der Bäderstraße entlang einer Bucht (das bedeutet Wieck) am Bodden. Im Zentrum des Dorfes und Geschehens befindet sich die ›Darßer Arche‹ – das Nationalpark- und Gästezentrum ist der erste Anlaufpunkt.

Darßer Arche

Natur und Tourismus müssen in Wieck kein Widerspruch sein. Sanfter Tourismus ist das Ziel der ganzen Region. Die Ausstellung der **Darßer Arche** ❶ informiert den Besucher über die Entstehung der Landschaft und veranschaulicht die verschiedenen Lebensräume des Nationalparks Vorpommersche Boddenlandschaft und das Miteinander von Mensch und Natur. Das dazugehörige Bio-Café trägt den poetischen Namen Fernblau, schöne Sonnenterrasse, sehr leckere Kuchen. Im Ladenbereich gibt es eine kleine, aber feine Auswahl an Kunst, Kleidung und Kulinarischem. Eindrucksvoll ist das Wiecker Bernstein- und Fossilienzimmer mit gesammelten Naturschätzen vom Darß. Im alten Schulgebäude gleich nebenan befindet sich die Galerie Künstlerdeck (www.kuenstlerdeck.de, Mai–Okt. Di–So 11–17, Nov.–April Fr, Sa 11–17 Uhr). Bliesenrader Weg 2, T 038233 703 80, www.darsser-arche.de, Juni–Sept. tgl. 9–17, Mai und Okt. tgl. 10–17, April tgl 10–16, Nov.–März Do–Mo 10–16 Uhr, 6,50 €

»Wunderbares Wieck / Seele geht auf Wanderschaft / Ruhe kommt zurück«
(Einer japanischen Gedichtsform nachempfunden: Haiku – 17 Silben, das Maß eines Atemzuges).

Müggenberg, Bauernreihe, Hafen

Für einen Bummel durch das beschauliche Dorf sollte man ein bisschen Zeit einplanen, um die netten Besonderheiten zu entdecken: eine alte Büdnerei, einen hübschen Garten, eine farbenfrohe Haustür. Von der Darßer Arche führt die Straße Müggenberg weiter gen Osten. Linker Hand passiert man die Töpferei von Annette Korn (siehe unten). Der **Müggenberg** geht in die **Bauernreihe** über. Nicht herausgeputzte und darum fast unauffällige alte Fischerhäuser findet man in der Bauernreihe Nr. 14 und Nr. 4 (in unmittelbarer Nähe des Hafens). Der **Wiecker Hafen** südlich der Bauernreihe bietet bemerkenswert viel freie Fläche: Eine ruhige familienfreundliche Idylle mit Liegewiese und kleiner sandiger Badebucht. Ein hölzerner Steg dient als Sprungbrett, ein größerer Steg führt zur Anlegestelle für die Fahrgastschiffe. In der Saison öffnet der Kiosk im Hafenhaus (bei schönem Wetter tgl. 11–17 Uhr, ansonsten nach Bedarf, wenn Besucher am Hafen sind). Vom Hafen aus kann man noch ein Stück weiter gen Osten bummeln. Ein schöner, 15–20minütiger Rundgang führt durch die beiden alten Dorfstraßen Nordkaten und Südkaten.

Genussvoll schlummern und schlemmen
Haferland ❶
Die Hotelanlage besteht aus mehreren miteinander verbundenen Reetdachhäusern. Sie liegt gegenüber dem Wiecker Hafen. Inklusive Schwimmbad mit Blick in den weitläufigen, naturnahen Garten, in dem auch frische Kräuter, Blüten und Früchte für die drei hauseigenen Restaurants geerntet werden. Von allem Essbaren dürfen die Gäste naschen. Bauernreihe 5a, Wieck, T 038233 680, www.hotelhaferland.de, DZ 147–177, Ferienwohnung 173–197 €

Ein Ort zum Wohlfühlen
Teekaten ❷
Das reetgedeckte Fachwerkhaus war einst berühmt für gemütliche Tee-

Sehenswert
1 Darßer Arche/Tourist-Information

In fremden Betten
1 Haferland
2 Teekaten

Stöbern & entdecken
🏺 Töpferei am Müggenberg

stunden, seit 2003 beherbergt es vier hübsche Ferienwohnungen (für 2–4 Pers.), zwei ebenerdig, zwei unterm Rohrdach, Stockrosen stehen vor der Tür, Stühle und Sitzgelegenheiten im Innenhof, auf der Terrasse oder im Garten.
Brake 5, Wieck, T 04103 188 83 74, www.darsser-teekaten.de, FeWo 72–127 €

Regionale Spezialitäten
Bio-MARKT
Auf dem Markt vor der Darßer Arche 1 gibt's viel Handgemachtes und selbst Angebautes – Obst und Gemüse, Wurst und Fleisch, Käse, handgemachte Nudeln, Sanddorngelee, Marmeladen, Honig, Brot, Vollkorngebäck, Gestricktes und Handgewebtes.
Mai–Okt. Mi und Sa. 9–13 Uhr

Muschelkeramik
Töpferei am Müggenberg 🏺
Die sanften Farben der dünnwandig gedrehten Gefäße erinnern an Strand und Meer: außen ein leuchtendes Türkis, ein Wassergrün oder ein gedecktes Blaugrau, innen fast weiß wie der Strandsand. Und in fast allen Stücken entdeckt man eine eingestempelte Muschel.
Müggenberg 9, T 038233 697 16, www.muschelkeramik.de, in der Saison tgl. ab 11 Uhr.

Vermietet wird auch eine charmante Ferienwohnung für 3 Pers. direkt an der Töpferei mit Blick auf den Bodden (55 €)

INFOS & TERMINE

Kur- und Tourist GmbH Darß: Bliesenrader Weg 2 (im Foyer der Darßer Arche), 18375 Wieck a. Darß, T 038233 201, www.erholungsort-wieck.de, ganzjährig Mo–Fr 8–16, Sa, So 10–16 Uhr, in der Saison erweitert.

Führungen ab Darßer Arche: Ortsführung Mai–Okt., Mi 10 Uhr, ca. 2,5 Std. Altes Meeresufer und Weststrand, geführte Fahrrad-Wandertouren, Fr 15 Uhr, ca. 3 Std.

Darß-Marathon: Im Frühjahr (Mitte/Ende April), Start und Ende an der Darßer Arche. 42,195 Kilometer durch idyllische Boddendörfer und den Darßwald, auch Wanderungen, kürzere Läufe und Radtouren. Anmeldung unter www.darss-marathon.de

Tonnenabschlagen: 4. So im Juni

Darßer NaturfilmFestival: Okt., Hauptveranstaltungsorte sind die Darßer Arche in Wieck und die Kulturkaten Kiek In in Prerow. Gezeigt werden 14 für den Deutschen Naturfilmpreis nominierte Filme. Zum Programm gehören viele Exkursionen – es ist Zugvogelzeit! Info www.darsser-naturfilmfestival.de.

Ein schöner Tag an der Seebrücke in Prerow geht zu Ende. Na Mama, und was machen wir morgen?

Prerow

🗺 F/G 2, Cityplan S. 64/65

Kapitäns- und Rohrdachhäuser mit bildhübschen Darßer Haustüren prägen das harmonische Ortsbild des ehemaligen Fischer- und Seefahrerdorfes. Das Ostseebad am Prerowstrom ist besonders berühmt für seine atemberaubenden Strände und den urwüchsigen Darßer (Ur)Wald.

Auf den Spuren der Geschichte

Ein ganzer Landstrich aus Seesand – heute sind die weißen steinfreien Sandstrände das Kapital des Ostseebads Prerow. In früheren Zeiten hätte man gerne auf sie verzichtet. Bis um 1700 war das Leben der Prerower von Entbehrung geprägt. Weit abgeschieden von Handelswegen war man weitestgehend auf sich gestellt und lebte von dem, was die Umgebung hergab: die Gewässer (vor allem der Bodden) boten Fische, der Wald gab Holz, Beeren, Kräuter, Pilze und Wild. Das Rohr für die Bedachung der Häuser wuchs am Bodden, auf den Wiesen das Gras für das Vieh, angebaut wurde nichts, der Boden war zu karg. Seit dem 17. Jh. betrieben die Prerower Seefahrt. Sie galten (wie auch die Wustrower und Zingster) als zuverlässige und erfahrene Seeleute, die als Steuermänner und Kapitäne alle Weltmeere befuhren. In der Mitte des 19. Jahrhunderts verdienten noch etwa 90 % der Männer den Lebensunterhalt auf See. Im Ort gab es drei Schiffswerften, viele Dorfbewohner waren selber Schiffseigner oder Mitbesitzer eines Segelschiffes. Der erwirtschaftete Wohlstand zeigt sich bis heute in den bildhübschen Wohnhäusern, die vom Hafengebiet ausgehend immer entlang alter Dünenzüge in Ost-West-Richtung zum Meer hin gebaut wurden. Die zwischen den Dünenkämmen liegenden feuchten Senken, die im Frühjahr oft unter Wasser standen, blieben unbebaut. Noch heute findet man mitten im Ort weite offene Flächen, bei deren Anblick es so manchem Investor in den Fingern juckt. Prerow boomt, es wird viel gebaut, erstmals auch nicht mehr nur einstöckig. Tipp: Eine hervorragende Beschreibung der traditionellen Darßer Häuser und Bauweisen findet man auf der Website www.darsser-baukultur.de.

WAS TUN IN PREROW?

Das weitgestreckte Seebad überrascht mit harmonischer, überwiegend eingeschossiger Bebauung. Der Übergang von der Segelschifffahrt zum Bäderwesen verlief fließend. 1881 zählte man 231 Badegäste, 1910 waren es bereits 3630. Der Ortskern verlagerte sich, die Urlauber wollten näher am Strand wohnen. Das alte Dorf um den Hafen am Prerowstrom verlor an Bedeutung. Die zentrale Straße – mit Geschäften, Cafés, der Touristen-Information und dem Heimatmuseum – ist heute die Waldstraße, die den Ort von West nach Ost quert und im Wald endet. Bei einem Spaziergang, auch durch die Seitenstraßen, entdeckt man Büdnereien, Fischer- und Seefahrerhäuser – zu einem bedeutenden Teil mit Rohr gedeckt. Ihr besonderes Kennzeichen waren und sind die geschnitzten und reich verzierten Darßer Haustüren. Den Türen (und Giebelzeichen) ist auch im Darß-Museum ein Raum gewidmet.

Darß-Museum
Mitbegründerin und erste Direktorin des **Darß-Museums** [1] war Gerta Anders, die das sehr lesenswerte, kenntnisreiche Buch »Die Halbinsel Darß und Zingst« geschrieben hat (1956 erstmals erschienen, zuletzt 2015). Ihr zu verdanken, ist die Pflanzenausstellung mit frisch gepflückten Blumen, Kräutern und Sträuchern der Halbinsel. Das kleine, liebenswert vielseitige Museum präsentiert Wissenswertes über die Entstehung der Küstenlandschaft, den Alltag der Fischer, die Geschichte des Seebads sowie die Künstler der Region. Zu den herausragenden Ausstellungsstücken gehören Darßer Haustüren und Stuben aus der glanzvollen Zeit der Segelschifffahrt. In der Saison besteht die Möglichkeit, auf dem Gelände des Museums aktiv an der Restaurierung historischer Boote zu arbeiten (Juni–Mitte Sept. Do 9–16 Uhr). Publikumsmagnete sind das Museumsfest im August sowie der Töpfer- und Kunstmarkt im September.

WO IMMER DIE SONNE LACHT

Die aufblühende Segelschifffahrt brachte Wohlstand auf den Darß. Die Seefahrer investierten Geld in prachtvolle Haustüren. Bunt waren sie noch nicht, mitunter verwendete man vom Bootsanstrich übrig gebliebene Farben. Erst als die Gemeinde Prerow durch den aufblühenden Bädertourismus reicher wurde, änderte sich das. Für die Farbgestaltung des neuen Gemeindehauses sorgte der seit zehn Jahren im Ort ansässige Maler und Graphiker Theodor Schultze-Jasmer, der zusammen mit der Roloff'schen Tischlerei eine Tür schuf, die zum Wahrzeichen des Darß werden sollte. Sie zeigt eine Sonne über drei roten Tulpen, darunter eine stilisierte Blütenranke – in kräftigen Farben. Eine kleine Sensation, die großen Anklang fand und Schule machte. Durch die Tür von 1931 betritt man heute die Tourist-Information. Hier kann man auch **Das kleine Buch der Darßer Haustüren** erwerben (mit Karte) – sehr hilfreich bei der Suche nach den schönen alten Türen. In der Grünen Straße (Nr. 8) liegt das Haus des Malers Theodor Schultze-Jasmer, der hier von 1921 bis zu seinem Tod 1975 wohnte: Das 1779 erbaute **Eschenhaus** [2] wiederum gehört zu den ältesten Fischerkaten auf dem Darß.

Waldstr. 48, T 038233 697 50, www.foerderverein-darss-museum.de, April Mi–Sa 10–17, Mai–Okt. Di–So 10–18, Nov.–März Fr–So 13–17 Uhr, 4 € (mit Kurkarte 2 €). Tipp: Hier gift dat jeden Fridag Klock 11.00 ne Führung up Platt

Der Hafen am Prerowstrom
Beim Begriff Strom denkt man an strömen, doch der Prerowstrom, der das Dorf vom Meer trennt, ist heute nur noch ein stilles, schilfumstandenes Binnengewässer. Sein Name ist slawischen Ursprungs – Prerow bedeutet Durchbruch. Lange bevor es das Dorf

überhaupt gab, verband die Prerow
den Bodstedter Bodden mit der Ostsee.
Als Wasser- und Handelsstraße war er
nützlich, aber im Falle einer Sturmflut bildete er das Einfallstor für die
heranbrandenden Wassermassen. 1874,
zwei Jahre nach der großen Sturmflut,
ließen die preußischen Behörden beim
Bau des Seedeiches die Mündung des
Prerowstroms zuschütten, und auch am
Hafen am Prerowstrom 3, wo die
Autostraße auf einem Damm verläuft,
ist der Wasserlauf unterbrochen. Die
Verbindung zum Bodden blieb erhalten.
Eine Schiffstour auf dem stillen Strom
ist ein vogelreiches Vergnügen. Wer
noch etwas Zeit bis zur Abfahrt des
Schiffes hat, kann den **Drümpel** 4, den
ältesten Ortsteil von Prerow, südwestlich des Hafens erkunden. Entlang der

unbefestigten Wege (Hirtenstraße, Alte
Straße) entdeckt man viele rohrgedeckte
Häuser mit Giebelzeichen und kleinen
Gärten, sehr hübsch sind die Häuser in
der Hirtenstraße Nr. 3 (mit Pumpe im
Garten) und die benachbarte Nr. 5. Über
die Alte Straße gelangt man wieder zum
Krabbenort/Hafen.

Ältestes Gotteshaus
Nördlich des Hafens – im Ortsteil Kirchenort – liegt das älteste Gotteshaus
der Halbinsel Fischland-Darß-Zingst.
Die 1726 bis 1728 zunächst als
Fachwerkbau errichtete und später
mehrfach veränderte **Seemannskirche**
5 war mit ihrem hölzernen Turm ein
wichtiges Seezeichen für die Seefahrer.
Ein interessantes Detail, das nur dem
auffällt, der davon weiß, sind die zwei

Stundengläser am Altar mit Kanzel.
Die Sanduhr sollte vor übermäßiger
Predigtdauer bewahren. Kerzen leuchten
im Lichterschiff, es bringt etwas Ruhe in
das Gotteshaus, das in der Saison von
vielen Reisebussen angefahren wird. Auf
dem gepflegten, parkähnlichen Friedhof
findet man noch alte Kapitänsgräber
aus der Zeit um 1800 (▶ S. 68)
Kirchenort 2, in der Saison tgl. Mo–Sa 10–18,
So 13–18 Uhr, Gottesdienst So 10.30 Uhr

Markante Bauwerke des Seebads

Auch die Entwicklung Prerows zu einem
florierenden Bade- und Kurort (seit
1910 mit Bahnhof) ist eng gekoppelt an
die Architektur des Ortes. Die medizini-
sche Versorgung musste gewährleistet
sein. Die **Alte Apotheke** 6 aus der
Mitte des 19. Jh. befindet sich in der
Langen Straße 7 (kurz vor der Mündung
nach Krabbenort). Das hochgelegene,
über eine Treppe zu erreichende Haus
war in der Orkannacht 1872 neben
der Seemannskirche einer der wenigen
Zufluchtsorte für die Prerower. Heute
beherbergt es Ferienapartments. Ein
architektonisch markantes Gebäude ist
Vogels Warte 7, Lentzallee 8/Ecke
Heinestraße). Das burgähnliche Haus
mit einem 20 Meter hohen kantigen
Turm ließ sich 1910 ein Berliner
Gerichtsadministrator namens Vogel als
Sommerhaus bauen. Heute gehört es
der Kommune und steht seit vielen Jahren leer. Über die zukünftige Nutzung
(als baltisches Kulturzentrum?) wird
diskutiert. Viele prachtvolle Sommerresi-
denzen entstanden in der strandnahen,
von hohem Baumbestand beschatteten

Villenstraße. Hier befindet sich auch die **Blockhaus-Villa** von Prinz Eitel Friedrich (ein Sohn Kaiser Wilhelms II): 1907 als Jagdschloss in Esper-Ort am Weststrand errichtet, wurde sie in den 1920er Jahren nach Prerow umgesetzt (Villenstr. 4) und beherbergt heute – wie soll es anders sein – Ferienapartments.

Nothafen im Ottosee

Die Wanderung von Prerow zum Darßer Ort (▶ S. 72) gehört zu den schönsten Ausflügen auf der Halbinselkette. Auf dem Weg dorthin zweigt ein Weg zum Nothafen ab. Er liegt im Ottosee, einem durch Anlandung und Einschluss entstandenen Strandsee, der lange als Militär- und Nothafen diente, immer aber von der Versandung bedroht war. Der in den 1960er Jahren auf 3 m Tiefe ausgebaggerte Zufahrtskanal wurde 2007 wegen seiner Lage mitten in der Kernzone des Nationalparks geschlossen. Der Seenotkreuzer zog in den Hafen von Barhöft (▶ S. 106) um. Aber der ist viel zu abgelegen, um im Notfall schnell vor Ort zu sein. Über Alternativen wurde viele Jahre ausgiebig und sehr kontrovers diskutiert – doch eine Lösung war nicht in Sicht. In den Jahren 2009/2010 wurde der Zufahrtskanal nochmals ausgebaggert, um den Seenotkreuzer ›Theo Fischer‹ wieder stationieren zu können. 2012 musste der Nothafen wegen zunehmender Verlandung wieder geschlossen werden. Seit 2016 nimmt die Planung für den Neubau eines Nothafens an der Prerower Seebrücke immer konkretere Formen an (eine im April 2015 durchgeführte Einwohnerversammlung gab grünes Licht für das Bauvorhaben). Die Seebrücke soll verlängert werden auf 530 Meter und an ihrem Nordende ein mit Steinwällen geschützter Inselhafen mit Liegeplatz für den Seenotrettungskreuzer und 13 Liegeplätze für Sportboote entstehen. Der hafenreiche Name des Projektes lautet ›Inselhafen Prerow - Ersatzhafen für den Nothafen am Darßer Ort‹. Aktuelle Informationen zum Stand der Planung und der Durchführung des neuen Nothafens inklusive einiger guter Bilder bietet die Website www.ersatzhafen-mv.de.

··

🏠 In fremden Betten

Bio-Wellness
Carpe Diem ❶
Ideal zum (Tiefen-)Entspannen ist das Gesundheitshotel mit 10 Wohneinheiten, unaufdringlich, edel schlicht und vor allem ökologisch. Viele Stammgäste nutzen die hausinterne Praxis für Naturheilkunde und Osteopathie, angeboten werden Stressmanagement, Yoga, Fasten und Wandern. Die Küche ist vegan, vegetarisch, vollwertig und 100 % biologisch, auch Rohkost ist möglich – im Winter vor dem Kamin, im Sommer auf der Terrasse.
Grüne Str. 31b, T 038233 70 80, www.carpe-diem-prerow.de, DZ/FeWo ab 140 €

Familiär und freundlich
Pension Voß ❷
Strandnah und doch ruhig inmitten großer Grundstücke mit altem Baumbestand gelegen, entdeckt man in der Villenstraße so manchen architektonischen Schatz aus der Frühzeit des Seebads. Die älteste familiengeführte Pension des Seebads liegt 300 Meter vom Strand entfernt inmitten eines parkähnlichen Gartens. Einfache, saubere Zimmer und 14 Ferienwohnungen (Familienzimmer bis 4 Pers.).
Villenstraße 6, T 038233 370, ferienwohnung.darss.org, FeWo ca. 90 €

Charmant und individuell
Sterngucker ❸
Familiäre Pension in einer ruhigen Seitenstraße, sieben sehr unterschiedliche und individuell eingerichtete Apartments, wer mag, kann das Frühstücksbuffet in der Südveranda genießen, der Nordstrand ist 1000 Meter entfernt.
Schulstr. 15, T 038233 6 02 06, www.sterngucker-prerow.de, FeWo 87–125 €

Zelten in den Dünen
Regenbogen Camp Prerow ❹
Ein langgestreckter Platz (2 Stationen der kleinen Darßbahn) im Nordwesten

Life is better at the beach. In Prerow auf alle Fälle. Wo sonst kann man direkt in den Dünen zelten?

des Ortes, vermietet werden Wohnwagen und Zelte mit und ohne Fußbodenheizung, es besteht die Wahl zwischen Schattenplätzen im Wald und sonnigen Plätzen direkt in den Dünen.
Waldstr. 8, T 038233 331 oder 276, www. regenbogen-camp.de

....

 Satt & glücklich

Erst schlafen, dann essen
Restaurant Gute Stube
Im Restaurant ›Gute Stube‹ in der Pension Voß ❷ wird leckere Hausmannskost serviert, das Preis-Leistungsverhältnis ist stimmig, schön sitzt man auf der Terrasse, auch Einheimische kehren hier gerne ein.
Villenstraße 6, T 038233 6 01 36, tgl. 12–14 und 18–21.30 Uhr, in der Saison durchgängig, ab 10 €

Familienfreundlich
Café & Kultur
Im Kulturkaten Kiek In ❷ (▶ S. 70)

Super Aussicht, netter Service
Fischrestaurant Seeblick ❶
Vom Dorfzentrum geht es auf der Straße Im Schüning über den Prerowstrom Richtung Meer. Läden und Restaurants flankieren die Flaniermeile zur Seebrücke. Fisch genießt man im Seeblick,

einem über 100 Jahre alten Fachwerkhaus am Hauptübergang zum Strand.
T 038233 348, www.wolff-prerow.de, April-Okt., tgl. 11.30–22 Uhr, ab 10 €

Clean eating ❷
Haus Linden
Ein einst für Allergiker gebautes Bio-Hotel in Strandnähe. Das Essen ist großartig, was hier auf den Tisch kommt, ist vegan, vegetarisch, rohköstlich. Auf Unverträglichkeiten wird gezielt eingegangen. Die Esszeiten sind nicht ganz so locker wie in einem normalen Restaurant, aber es lohnt sich: 8–10.30 Uhr, Frühstücksbuffet (mit Anmeldung, 15 € pro Person), 15–17 Uhr Kaffee und Kuchen (April–Okt.), 18–19 Uhr Abendessen (mit Anmeldung)
Gemeindeplatz 3, T 038233 636, www. haus-linden.de

Typisch Darß und sehr beliebt
Teeschale ❸
Café in einem denkmalgeschützten Kapitänshaus. Es ist so nett hier, dass man oft warten muss. Die Zeit kann man sich nebenan im Teeladen vertreiben, mit 130 Teesorten, Kerzen und Keramik.
Waldstr. 50, T 038233 608 45, www.teeschale. de, in der Saison tgl. 12–22 Uhr, Teeladen Mo-Sa 10–18, So 13–18 Uhr

9

Fels in der Brandung – **die Seemannskirche von Prerow**

Mitten im Friedhof, aber nicht mitten im Dorf liegt die älteste Kirche der Region. Der Prerow-Strom trennt den ›Kirchenort‹ vom Hafen und vom Dorf. Den Zugang zur Kirche säumen prachtvolle Linden. Eine uralte Fichte, mächtige Buchen und rot blühende Kastanien spenden Schatten. An der Kirchenmauer stehen alte Seemannsgräber. Ein urwüchsiger würdiger Ort, der berührt, aber warum so fern vom Dorf?

▶ LESESTOFF

Der Friedhof in Prerow, von Antje Hückstädt und René Roloff, Prerow 2012

Geografisch gesehen befindet sich die **Seemannskirche** 5 schon auf dem Zingst. Vor dem Bau des Brückendammes über den Prerow-Strom (1837) kamen die Prerower nur mithilfe einer kleinen (kostenpflichtigen) Fähre zum Gottesdienst. Andere Kirchgänger hatten noch längere Wege: Bis Mitte des 19. Jahrhunderts gab es zwischen Ahrenshoop an der Grenze zu Mecklenburg bis zu den Sundischen Wiesen östlich von Zingst nur diese eine Kirche, diesen einen Friedhof. Auch die Bewohner der Inseln Oie und Kirr wurden hier beigesetzt.

Von der vernichtenden Sturmflut am 13. November 1872 blieb die Seemannskirche verschont. Kunstvoll bearbeitete Grabsteine – der älteste stammt aus der Zeit um 1690 – erzählen Lebensgeschichten aus früheren Zeiten.

Warum Zement auch ein Segen sein kann

Die ältesten Grabdenkmäler findet man an der Nord- und Südseite der Kirche - vorwiegend aus dem 18. und frühen 19. Jahrhundert. Die kunstvoll behauenen Steine (aus gotländischem Kalkstein) wurden in den 1930er Jahren hierher versetzt, um sie zu erhalten. Davor waren die Steine häufig als Trittstufen vor der Kirche oder im Dorf verwendet worden. Mit dem Aufkommen des Zements sank die Nachfrage – auch wenn sie »für 6 Mark das Stück« zu haben waren, wurden die »modernen Betontrittstufen« vorgezogen. (heißt es 1904 in einem Bericht über die Grabdenkmäler auf dem Kirchhof in Prerow). Und weil die Grabsteine zu schwer waren, um sie einfach wegzuräumen, blieben sie liegen, wo sie waren.

Im Hafen der Ewigkeit

Viele der fein gearbeiteten Reliefs zeigen direkte Bezüge zur Seefahrt. Zu entdecken sind Schiffe unter vollen Segeln, ein Segler im Sturm und vor Anker im sicheren Hafen. Ein Stein gleich links neben dem Südeingang der Kirche zeigt mit Zirkel, Ruder und Anker Insignien des Seefahrers. Den Zirkel benötigt er für die Navigation, das Ruder hält den Kurs auf der Fahrt durchs Leben, und der Anker gibt Halt.

Glück und Unglück lagen auf See immer dicht beieinander. Ein Tafelbild über dem Südeingang in der Kirche erzählt von einem Unglück im Winter 1690, als ein junger Schiffer aus Kopenhagen vor dem Darßer Ort strandete und in den Wellen sein Leben verlor. Das von dem Vater aus Dankbarkeit für die Bestattung seines Sohnes gestiftete Ölbild wurde aus der alten Kirche, die etwas weiter östlich lag und bei der Sturmflut 1694 stark beschädigt worden war, in die neue Kirche übernommen. An der höchsten Stelle des Kirchenortes gelegen, blieb die (neue) Prerower Kirche in der großen Sturmflut im November 1872 weitgehend verschont. Rechts neben dem Eingang zum Friedhof markiert eine kleine Marke an der mit Efeu berankten Außenseite der Kirchhofmauer, wie hoch damals der Wasserstand war.

ÜBRIGENS

Während die Männer auf See waren, kümmerten sich die Frauen um Haus, Kinder und die Landwirtschaft. Auch ihre Lebensgeschichten wurden in den Stein gemeißelt, wie die von **Catharina Permin**, geboren 1733 in Zingst, verheiratet mit dem Schiffer **Hans Schultz**. Von den 7 Söhnen und 6 Töchtern in dieser Ehe starben 6 Söhne und 4 Töchter. Catharina starb 79-jährig in Zingst als Großmutter von 33 Enkeln.

Faltplan: F/G 2 | Cityplan S. 65

Ein Sommermärchen: Sonne, Strand und ganz viel Meer!

Stöbern & entdecken

Sprechen Sie uns an!
Kunst-Tischlerei Roloff 🔒
Türen, auch einzeln geschnitzte Motive, Gartenmöbel und ausgewählte Giebelzeichen fertigt der traditionsreiche Familienbetrieb an. Ein Ladengeschäft zum Gucken ist es nicht, bei Interesse an einer Darßer Tür aber kann man sich beraten lassen. Der Begriff ›Darßer Tür‹ ist übrigens rechtlich geschützt. Eine originale ›Darßer Tür‹ kommt nur aus der Kunsttischlerei Roloff. Und seit wann ist sie schon in Familienbesitz? Seit dem Jahr 1832.
Lange Str. 30, T 038233 465, www.kunsttischlerei-roloff.de

Bernstein
Heimatgalerie Prerow und Darßer Bernsteinmuseum ➋
In einem alten Schifferhaus zeigt die Prerower Bernsteinfamilie Moldenhauer ihre gesammelten Schätze. Dazu gehören Exponate wie Bernsteine mit eingeschlossenen Pflanzen, Blüten, Spinnen, Käfern und sogar ganzen Insektenschwärmen. Anschaulich erfahren die Besucher des Museums Wissenswertes über das Gold der Ostsee. Zu kaufen gibt es handgefertigten Schmuck aus eigenen Funden, viel Schönes ist dabei zu relativ humanen Preisen, auch andere Geschenkartikel mit Darßmotiven und Seifenstücke mit den lokal so angesehenen Rohbernsteinstückchen.
Waldstraße 54, T 038233 462, www.darsserort.de, April–Okt. Mo–Sa 10–17.30, Nov.–März Mi–Fr 14–17, Sa 10–12, 14–17 Uhr, Eintritt frei, Führungen Mi und Do

Sport & Aktivitäten

Kino
Ganzjährig geöffnet ist das **Prerow Cinema** ➊ in der Ortsmitte, aktuelles Kinoprogramm s. Tagespresse/Aushänge.
Waldstr. 5, www.kino-prerow.de

Kleinkunstbühne mit nettem Café
Kulturkaten Kiek In ➋
Dies ist ein altes, bildhübsches Kapitänshaus mit neuem Anbau. Es gibt neben Theater und Kabarett auch Lesungen, literarisch-musikalische Abende, Konzerte, diverse Kinderevents und Kreativkurse. Die jeweiligen Termine siehe Veranstaltungskalender. Das charmante Café & Kultur im alten Gebäude mit Terrasse und Spielplatz in Sichtweite lädt zu hausgebackenen Kuchen und Waffeln ein. Im Garten findet von Juni bis Sept. die Freiluftausstellung CARTOONAIR am MEER statt.
Kulturkaten Kiek In, Waldstraße 42, T 038233 61 00

Paddeln auf dem Meer
Darßtour ❸
Geführte Touren durch die National-
parkregion der Vorpommerschen Boddenlandschaft zu den Bülten (Inseln
aus Schilf), zum Darßer Weststrand,
um den Darßer Ort. Die Touren eignen
sich auch für Einsteiger, nicht aber
für Nichtschwimmer. Gefragt sind die
Kajak-Kranichtouren im Sept./Okt.,
entsprechend frühzeitig sollte man
buchen.
Info: Henrik Schmidtbauer, Buchenstr. 11a,
T 0178 188 66 80, www.darsstour.de

Entspannt ans Ziel ❹
Kutsch- und Kremserfahrten
Linienfahrten zum Leuchtturm, Mai–Okt. tgl.
mindestens alle 60 Min.; ab Bernsteinweg
10–14.30, ab Leuchtturm 12.30 bis 17 Uhr

INFOS

**Kur- und Tourismusbetrieb Ostsee-
bad Prerow:** Gemeindeplatz 1, 18375
Prerow, T 038233 61 00, www.ostsee-
bad-prerow.de, Mitte Juni-Ende Sept.
Mo–Fr 9–18, Sa, So 10–17, Vor- und
Nachsaison Mo–Fr 9–17, Sa, So 10–16,
Nov.–März Mo–Fr 9–16, Sa 10–14 Uhr
Darßbahn: Die Bimmelbahnen verkeh-
ren von April–Okt. etwa stündlich von
der Ostseeklinik über den Hafen am
Prerow-Strom durch den Ort zur Halte-
stelle Nothafen am Darßer Ort, einem
Ausgangspunkt für die Wanderung zum
Leuchtturm.
www.darssbahn.info

TERMINE

Rauhnächtemarkt: Kunsthandwerker-
markt im Darß-Museum, zw. Weihnach-
ten und Heilige Drei Könige
Bernsteinwoche: Feb., Darß-Museum
Prerow: Vorträge und Workshops
**Prerower Seebrückenfest und Shan-
ty-Chortreffen:** Sa nach Himmelfahrt
Töpfermarkt: Pfingsten auf dem
Gelände des Darß-Museums
Tonnenabschlagen: letzter So im Juli,
abends Tonnenball

Prerower Hafenfest: Wochenende
Ende Juli oder auch Anfang Aug. Traditi-
onelles Handwerk und Kunsthandwerk,
Aktivitäten rund um den Prerower
Hafen.
Boddentouren: Theoretisch könnten
Fahrgastschiffe an der Prerower Seebrücke anlegen, doch für einen regelmäßi-
gen Schiffsverkehr sind die Bedingungen
bei stürmischem Wellengang zu schwierig. Alternativ sind Ausflugsfahrten vom
Krabbenort/Hafen im Angebot, es gibt
verschiedene Anbieter, einfach mal vor
Ort gucken, Broschüren liegen überall
aus. Eine beliebte Attraktion ist der
nach alten amerikanischen Vorbildern
gebaute Schaufelraddampfer Baltic
Star, mit Räucherofen an Bord. Die
Fahrt (aller Anbieter) führt durch den
schilfgesäumten, vogelreichen Prerow
Strom in den Bodden. Info Baltic Star
www.reederei-poschke.de, März tgl.
11.30 und 14.30, April, Mai, Sept–Nov.
tgl. 11.30, 14.30, 16.30, Juni–Aug. tgl.
11, 14, 16, im Juli und Aug. zusätzlich
18.30, Sept., Okt. tgl. 16.30 Uhr, 14 €,
Kinder 7 €

PREROW OST – PREROW WEST

Manche Menschen erinnern
sich an ihre Kindheit, als sei sie
gestern gewesen. Gerd Wolff
gehört zu ihnen. Sein Vater war
Leuchtturmwärter auf dem Darß,
er selbst hat dort gelebt und
gearbeitet. Der Ortsführer und
Naturschützer kennt jede Pflanze
auf dem Darß und jeden Winkel
in Prerow, und er versteht es
Geschichte(n) zu erzählen, über
die Menschen, die Häuser und
Grundstücke - sehr liebenswürdig,
humorvoll und kenntnisreich. Warum eine zweiteilige Ortsführung?
Weil sich Prerow hinzieht und es
viel zu erzählen gibt: Prerow Ost
(mit Seemannskirche) Di 14 Uhr,
Prerow West (mit Seenotrettungs-
station) Mi 10 Uhr, ab Tourist-Information, 5 € (mit Kurkarte 3 €).

10

Einfach nur atemberaubend – **der Darßer Ort**

Faszinierende Küstendynamik: Bei Sturmflut kann man dabei zusehen, wie sich die tosende Brandung ins Land frisst, Buchen und Kiefern den Boden unter den Füßen wegreißt. Die Strömung treibt die mineralische Fracht gen Norden. Neue Sandbänke wachsen aus dem Meer, Dünen türmen sich auf, werden von Pflanzen besiedelt, festgehalten und schließlich bewaldet. Grandios und lehrreich: die Aussicht vom Leuchtturm.

Viele Wander- und Radwege führen durch den Darßwald zum Leuchtturm Darßer Ort. Ein günstiger Startpunkt ist der **Parkplatz am Bernsteinweg** 1 in Prerow. Etwa eine Stunde dauert der Fußmarsch, eine familienfreundliche Abkürzung bietet (in der Saison) die Fahrt mit der kleinen Darßbahn (bis zur Endstation am (versandeten) **Nothafen** 2 oder mit der Kutsche zum Stellplatz am Leuchtturm.

Wo die Leuchtturmwärter wohnten

Der älteste **Leuchtturm Mecklenburg Vorpommerns** ist seit 1849 in Betrieb, bis 1978 war er bemannt, seither wird er ferngesteuert. Der Gebäudekomplex, in dem die Leuchtturmwärter mit ihren Familien lebten und auch eine kleine Landwirtschaft betrieben, beherbergt heute das **Natureum** 3, eine Abteilung des Deutschen Meeresmuseums. Ausstellungen im Leuchtturmwärterhaus (von 1848) sowie im Erdgeschoss des Leuchtturms informieren über die Flora- und Fauna. Besonders eindrucksvoll ist die Darstellung der Dynamik und Schutzbedürftigkeit der Natur und Landschaft am Darßer Ort. 134 Stufen führen hinauf auf die Aussichtsplattform in 35 m Höhe. Auf einen Blick versteht man die (zuvor rein theoretischen Erklärungen über die) Küstenformungsprozesse. Von oben unterscheidet man deutlich die Zonen der Abtragung und Anlandung. Im 1892 erbauten Haus des Ober-

Der **Weststrand** ist ein traumhafter Badeplatz (auch FKK) und ganzjährig attraktiver Fundort für Treibholz, versteinerte Seeigel und Hühnergötter, nach Winterstürmen auch für Bernstein.

leuchtturmwärters lädt das Museumscafé zur Stärkung ein.

Im jungen und jüngsten Land

Ein Bohlenweg, der den Fußgängern vorbehalten ist, führt vom Leuchtturm durch atemberaubende Dünen- Heide-, Sumpf- und Waldlandschaft. Weiße Dünen gehen über in graue Dünen, auf deren Humusschicht Heidekraut, Krähenbeere, Wachholder und Kiefern wachsen, bis hin zur Braundüne. Vorhang auf für eine grandiose Urlandschaft. Der erste Beobachtungsstand befindet sich unweit des **Libbertsees** `4` dessen Wasserfläche erst in den 1950er Jahren durch fortschreitende Sandablagerung und die Bildung einer Nehrung vollständig von der Ostsee abgetrennt wurde. Das Gebiet des Sees ist ein wichtiges Rast- und Brutgebiet für Wasservögel. Regelmäßig lassen sich hier Rothalstaucher, Rohrweihe oder Seeadler beobachten.

   Durch ein Kiefernwäldchen geht es weiter zu einer weiteren Aussichtsplattform, auf der sich Spaziergänger und Fotografen um den schönsten Blick drängen. In Richtung Norden erstreckt sich (jenseits einer Schilfzone) der Darßer Ort, der bis zu zehn Meter Landzuwachs pro Jahr verzeichnet. Häufig sind Hirsche und Hirschkühe am Horizont auszumachen.

Der Weg ist das Ziel – nirgendwo passt das besser als hier am Darßer Ort.

INFOS/ÖFFNUNGSZEITEN

Natureum Darßer Ort `3`: Wie kommt man hin? Nur zu Fuß, mit Fahrrad oder Kutsche. T 038233 304, www.natureum-darss.de, Juni–Aug. tgl. 10–18, Mai, Sept., Okt. tgl. 10–17, Nov.–April Mi–So 11–16 Uhr, 5 €.

VERSORGUNG

Wenn Sie nicht vorhaben, das Natureum zu besuchen, sollten Sie Proviant dabeihaben. Das Museumcafé ist kein öffentliches Ausflugscafé. Wandern Sie einfach ein paar Schritte weiter zum Picknick an den **Weststrand.** Einen Kiosk gibt es nicht.

Faltplan: E 1

Der Zingst

Wiesen, Weiden und Waldgebiete prägen den öst-
lichsten Teil der Halbinsel Fischland-Darß-Zingst, der
noch bis zur großen Sturmflut von 1872 eine Insel
war. Im Osten des Ostseeheilbads Zingst zieht der
Nationalpark Vorpommersche Boddenlandschaft mit
den Sundischen Wiesen, der Hohen Düne und Pramort Scharen von Besuchern an. Von hier schweift
der Blick über das Windwatt und die vorgelagerten Inseln Werder und
Bock, einem der wichtigsten Kranichrastplätze Europas.

Zugvogelzeit: In überwältigender Zahl bevölkern Vögel den Himmel über Fischland-Darß-Zingst. Der Herbst ist die beste Zeit zum Kranich-Kieken, besonders faszinierend der abendliche Einflug in die flachen Boddengewässer.

Zingst 🗺 H/J 2, Cityplan S. 78

Das mit Abstand größte Ostseebad der Region ist keine Schönheit aus einem Guss, aber ein klassischer Urlaubsort mit Seebrücke, feinsandigem Strand, netter Flaniermeile und Ausflugsschiffen im Hafen. Es ist Ausgangspunkt für großartige Rad- und Wandertouren und ein Mekka für Fotografen.

WAS TUN IΠ ZINGST

Vogelkieken am Hafen

Alte Fotografien zeigen den **Hafen** 1 mit Hunderten von Schiffen. Bereits im 18. Jh. waren die Zingster durch Seehandel und Schifffahrt zu Wohlstand gelangt. Es gab kleine Werften, die seegehende Schiffe bauten, daran erinnert heute nur noch dem Namen nach die hafennahe Werftstraße. Gegen Ende des 18. Jh. hatten die Zingster 93 Schiffe, eine enorme Zahl für ein Dorf am (gefühlten) Ende der Welt. Heute ist der Hafen Ausgangspunkt für den Linienverkehr nach Hiddensee und Stralsund sowie für Ausflugsfahrten in den Nationalpark Vorpommersche Boddenlandschaft. Zu sehen gibt es immer etwas. Der Blick schweift über den Zingster Strom zur **Insel Kirr** 2, die jahrhundertelang als Viehweide genutzt wurde. (Noch heute existiert eine Viehfähre im Zingster Ortsteil Müggenburg, die im Frühjahr Rinder vom Gut Darß zum Weiden übersetzt). Die Insel ist ein Vogelparadies, das nur im Rahmen geführter Exkursionen betreten werden darf. Hier brüten Alpenstrand- und Kampfläufer, Rotschenkel, Austernfischer, Säbelschnäbler, Kiebitze aber auch Lachmöwen. Im Herbst dient das Eiland für einige Wochen Tausenden von Kranichen als Schlafplatz.

Zeugen der Geschichte

Den Hafen verlässt man entweder über die Hafenstraße oder weniger verkehrsreich – über die Stromstraße und Werftstraße. Bilder von den ehemaligen Bootsbauplätzen findet man im **Heimatmuseum** 3, das man – in die Jordanstraße nach links abbiegend – nach wenigen Metern erreicht. Der Kern des (2013/2014 baulich erweiterten) Museums ist das denkmalgeschützte, 1867 errichtete ›Haus Morgensonne‹. Es dokumentiert Darßer Geschichte vom Mittelalter, über die Zeit unter schwedischer Herrschaft bis zur großen Seefahrtsepoche. Mit dem Niedergang der Segelschifffahrt blieb als Alternative nur der Fremdenverkehr. Seit 1881 erfolgte die professionelle Vermarktung des abgelegenen Ortes durch ein »Bade-Comité«.

Eine kleine Dauerausstellung ist der Heimatdichterin Martha Müller-Grählert gewidmet. Im neuen Galeriebau werden Werke verschiedener Künstler aus der Zeit zwischen 1872 und 1980 präsentiert, darunter Bilder von Max Hünten, Franz Pflugradt, Elisabeth Büchsel und Louis Douzette.

Strandstr. 1–3, T 038232 155 61, museumshof-zingst.de, April–Okt. tgl. 10–18, Nov.–März Do–So 10–16 Uhr, Di–Fr 10–16, So 10–16, Juni–Aug. auch Sa 10–16 Uhr, 5 €, Jugendliche bis 18 J. frei

Zwischen Hafen und Seebrücke

Ein netter, etwa halbstündiger Spaziergang führt vom Hafen am Bodden an den Ostseestrand. Wer den Museumsbesuch auf später verschiebt, folgt vom Hafen der Hafenstraße. Kurz bevor man die Jordanstraße überquert, liegen rechter Hand zwei Neubauten, die mit Kunstrohr gedeckt sind. (In der Anschaffung übrigens teurer als ein Dach aus natürlichem Schilfrohr, im Unterhalt/Versicherung aber weniger kostenintensiv). Weiter auf der Hafenstraße passiert man den Abzweig zum sehenswerten **Max Hünten Haus** 4 (▶ S. 80) und gelangt zum **Fischmarkt** 5, einem ansprechendem offenen Platz mit Restaurants, Läden und einer Apotheke. Zwei verkehrsberuhigte Flaniermeilen – die Strandstraße und die Klosterstraße – führen weiter Richtung Strand und Seebrücke. Typische Bauern-, Fischer und Schifferhäuser findet man hier kaum noch. Durch Um- und Anbauten, die seit Ende des 19. Jh. für die in immer größerer Zahl eintrudelnden Sommerurlauber vorgenommen wurden, gingen die traditionellen Baustile weitgehend

Das **Gedicht ›Mine Heimat‹** von **Martha Müller-Grählert** wurde vertont und vielfach umgedichtet. Als Heimweh-nach-der-Heimat-Lied ging es um die Welt: Wo der gelbe Ginster oder die rote Heide blüht, je nach Region. Am bekanntesten ist es als Nordseehymne **Wo die Nordseewellen** … Jahrzehntelang kämpften Martha Müller-Grählert (und der Komponist) vergeblich um die Rechte am Ostseelied. Sie wurden ihr erst kurz vor ihrem Tod zugestanden. Zu spät, um daraus noch einen finanziellen Nutzen zu ziehen. Sie starb 1939 verarmt in einem Altersheim in Franzburg.

verloren. Noch aus dem 17. Jh. stammen die Büdnereien in der Klosterstraße 4 (sehr nette **Buchhandlung Läsen un Schriben** 🛈) und gleich nebenan die Nr. 5 mit einer Hochwassertafel an der Hauswand. Eine Tafel markiert die Wasserstände während der Sturmfluten von 1872 und 1874.

An der Seestraße, wo Strand- und Klosterstraße wieder aufeinander treffen, liegt der 1873 erbaute **Rettungsschuppen** 6 mit einer Ausstellung zur Geschichte der Seenotrettung.

Die Seebrücke

Das weiträumige Areal vor der **Seebrücke** 7 dominiert der mehrteilige Komplex des Steigenberger-Hotels. Am Übergang zum Strand liegt das im Jahr 2000 neu eröffnete Kurhaus mit Tourist-Information, Restaurant und Räumlichkeiten für Veranstaltungen und Ausstellungen. Seit 1993 führt die Seebrücke 270 Meter in die Ostsee hinaus. Der Strand ist in diesem Abschnitt durch Buhnen geschützt, in den letzten 100 Jahren hat die Küste hier über 70 Meter Substanz verloren. Die Tauchgondel am hinteren Ende der

Seebrücke lädt zu einer Tour in die Unterwasserwelt ein (www.tauchgondel.de, Dauer inkl. 3D Film über die Ostsee 30–40 Minuten, 8 €).

Neogotisches Original

Die Peter-Pauls-Kirche 8 bekam der aus drei Siedlungen zusammengefasste Ort erst in der zweiten Hälfte des 19. Jahrhunderts. Der neogotische, mit einem aufwändigen Staffelgiebel versehene Bau, wurde nach Plänen des Schinkel-Schülers Friedrich August Stüler 1862 vollendet und besitzt noch weitgehend seine originale Ausstattung. Auf dem Friedhof befindet sich das Grab von Martha Müller-Grählert, die in Zingst ihre Kinder- und Jugendzeit verbrachte. Sie schrieb den Text für das Lied »Mine Heimat«, das mit den berühmten Zeilen beginnt: »Wo die Ostseewellen trecken an den Strand…«. Die Liedzeile »Hier is mine Heimat, hier bün ick to Hus« schmückt ihren Grabstein (in unmittelbarer Nähe des Glockenstuhls).
Kirchweg 9, www.ev-kirche-zingst.de

....

In fremden Betten

Nach der Wende sind viele neue Ferien- und Apartmenthausanlagen aus dem Boden geschossen, das Bettenangebot ist riesig. Von Luxus mit SPA und Seeblick (www.steigenberger.com, DZ ab 230 €) bis zum gepflegten Hostel (www.haus54.de, DZ ab 90 €) ist in Zingst jede Art von Unterkunft vertreten.

Sehenswert

1 Hafen
2 Insel Kirr
3 Heimatmuseum
4 Max Hünten Haus
5 Fischmarkt
6 Rettungsschuppen
7 Seebrücke
8 Peter-Pauls-Kirche

In fremden Betten

1 Hotel Meerlust
2 Hotel Restaurant Marks
3 Hotel & Galerie-Restaurant am Strand

Satt & glücklich

1 Kurhausrestaurant
2 Strandkate
3 Kranichhaus mit Ponton Numero Uno
4 Zum Deichgrafen

Stöbern & entdecken

1 Läsen un Schriben
2 Mee(h)r Gourmet
3 Fernblau
4 Pödderie

Wenn die Nacht beginnt

Strandbar Zuckerhut

Sich Wohlfühlen am Meer
Hotel Meerlust 1

Das freundlich geführte Wellnesshotel liegt direkt an der Strandpromenade. Viele Zimmer und Suiten mit Balkon zur Meerseite, im Haupthaus wie auch in der Meerlust-Lodge nebenan. Sauna, Innen- und Außenpool stehen den Gästen frei zur Verfügung, eine feine Gourmetküche bietet das hauseigene Restaurant, ab 12,50 €, Abendmenü 42 €.

Seestr. 72, T 038232 88 50, www.hotelmeerlust.de, tgl. 12–22.30 Uhr, DZ/Lodges ab 125–320 €

Kraniche beobachten vom Bett aus
Hotel Restaurant Marks 2

Gefühlt weit weg vom Touristentrubel genießt man hier die ruhige Lage auf einem 9000 qm großen Waldgrundstück, dabei sind es zum Hafen nur 250 Meter. Der Blick auf die Vogel-Landschaftsschutz-Insel Kirr ist grandios. Das Restaurant bietet auch internationale Küche, schöne Sonnenterrasse.

Weidenstr. 17, T 038232 161 40, www.hotel-marks.de, DZ 115–145 €

Top Service, Top Essen
Hotel & Galerie-Restaurant am Strand 3

19 gepflegte Zimmer und Suiten direkt hinterm Deich, die schönsten mit Balkon und Seeblick, vom Service bis zum Essen, hier stimmt alles.

Birkenstr. 21, T 038232 156 00 oder 152 28, www.amstrand.de, DZ 93–119, Suiten (für 2–4 Pers.) 136–146 €, Aufpreis für Halbpension 19 € (lohnt sich!)

Fotoshooting – **im Max Hünten Haus**

Lärchenholzlamellen schützen den preisgekrönten Bau vor Wind und Wetter. So wirkt er ein bisschen angewittert wie die alten Fischerhütten am Bodden. Kombiniert mit Glas und viel Farbe ist das 2011 eröffnete Max Hünten Haus ein echter Hingucker. Nicht nur von außen!

Gleich am Eingang passiert man den Tresen – der Eintritt ist frei, das ist überraschend, denn schon die ersten großformatigen Bilder, die ins Auge fallen, sind atemberaubend. Großartige, mitunter dramatische oder auch witzige, immer aber berührende Aufnahmen von Natur(phänomenen), Wettergewalten und Tieren. Nur selten einmal ist ein Mensch zu sehen, und wenn, dann immer ganz klein vor grandioser Landschaftskulisse.

Max wer?

Wer war Max Hünten, dem dieses großartige Haus gewidmet ist? Nie gehört? Maler, Weltenbummler und Fotograf, eine schöne Kombination. 1869 als Sohn des bekannten Schlachtenmalers Emil Hünten in Düsseldorf geboren, 1936 in Zingst gestorben. Seine Jagd- und Landschaftsgemälde finden sich in vielen deutschen Museen, u.a. im Jagdschloss Granitz auf Rügen, einige wenige in Zingst. Doch hier entdeckte man nach seinem Tod einen wahren Schatz: 500 Glasplattennegative, aufgenommen zwischen 1910 und 1914 auf einer Weltreise, die ihn unter anderem in den Yosemite Nationalpark führte. Seine Bilder sind nicht hier, wohl aber sein Esprit – die Lust am Reisen, am Fotografieren beflügelt dieses Haus.

Mehr als nur knipsen

Im Treppenhaus hängen die bodenständigeren Ergebnisse von Teilnehmern der im Haus angebotenen Workshops, die ›Darß-Motive‹ zeigen. Vielleicht waren Sie selber gerade am Weststrand oder am Hohen Ufer und erkennen (neidvoll), dass die Fotos, die Sie gemacht haben, aus einer anderen Perspektive aufgenommen interes-

Heartbeat of Nature heißt der jährlich neu ausgeschriebene Online-Fotowettbewerb. Auf der Website sind die Bilder der Gewinner sichtbar sowie die Teilnahmeregeln: www. heartbeatofnature.com.

Benannt nach einem Weltenbummler, Maler und Fotografen. Ein großartiges Haus!

santer gewesen wären … Es nagt an Ihnen? Wie
wär's dann mit einem Foto-Workshop, ein paar
Stunden oder ein ganzes Wochenende? Nicht
nur draufhalten, sondern endlich unvergessliche
Momente (mit richtiger Blenden- und ISO-Ein-
stellung) einfangen zu können – beispielsweise
wenn sich die Kraniche im Morgennebel von
ihren Schlafplätzen erheben oder Cha-Cha-Cha
zum Sonnenuntergang am Strand getanzt wird.
Wunderbare Anregungen im Hier und Jetzt bietet
aber auch die Fotobibliothek im Erdgeschoss des
Max – über 2000 Bände zu Geschichte, Theorie
und Praxis. Einfach Platz nehmen und versinken.

INFOS/ÖFFNUNGSZEITEN
**Max Hünten Haus/Erlebniswelt
Fotografie Zingst** 4:
Schulstraße 3, T 038232 16 51 10,
www.erlebniswelt-fotografie-zingst.de,
tgl. 10–17/18 Uhr

SCHATZKISTE FÜR FOTOGRAFEN
Alles unter einem Dach: Die
Fotoschule Zingst bietet ganzjährig
Foto-Workshops an, digitale Arbeits-
plätze für die Bildbearbeitung, ein
Profi-Printstudio, eine Leica Boutique
und einen Verleih-Service. Außerdem
Fotoausstellungen, Multimediavorträge
und Konzerte.
Tipp: Im oberen Stock befindet sich die
kostenlos nutzbare Bibliothek, T 038232
16 51 13, www.ostseebibliotheken.
de/zingst, Mitte März bis Okt. Mo–Sa
10–18, sonst Mo–Sa 10–17 Uhr.

Faltplan: H 2 | Cityplan S. 78

Satt & glücklich

An der Seebrücke
Kurhausrestaurant Zingst ❶
Das beeindruckende Fachwerkhaus, in dem auch die Tourist-Information untergebracht ist, besticht nicht nur durch seine Lage am Meer, sondern auch durch schmackhafte, regionale Küche von der Kürbiskernsuppe bis zum gebratenen Zander. Für die Kinder gibt es eine Spielecke.
Seestr. 57, T 038232 815 76, tgl. 11.30–22 Uhr, im Winter Mi Ruhetag, 10–20 €

Leckere Fischgerichte
Strandkate ❷
Gemütliches, beliebtes Restaurant in einem 200 Jahre alten Rohrdachhaus, bekannt für exzellente Fischgerichte. In der Saison allerdings nicht zum Abhängen geeignet: auch mit Vorbestellung muss man den Tisch nach spätestens eineinhalb Stunden wieder räumen, dann warten schon die nächsten Gäste.
Klosterstraße 8, T 038232 152 59, ab 11 €

Treffpunkt am Hafen
Kranichhaus mit Ponton Numero Uno ❸
Pasta, Fisch und Fleisch – dazu Sicht auf ein- und auslaufende Schiffe. Draußen werden Eis und vom Kutter Fischbrötchen und Räucherfisch verkauft. Direkt am bzw. überm Wasser liegt der stilvolle, voll verglaste Ponton Numero Uno – geöffnet schon zum Frühstück, klasse für einen Absacker am Abend.
Im Hafen 1, T 03832 84 89 48, tgl. 9–21, Kutter 9–22 Uhr

Auf dem Campingplatz
Zum Deichgrafen ❹
Von außen eher unscheinbar, überrascht das rustikal-freundliche Ambiente und die frische, leckere Küche: Fisch, Fleisch und Burger werden kreativ angerichtet, es macht Spaß hier zu essen.
Am Bahndamm 1, T 038232 801 86, www.camping-zingst.de, Mai–Sept. und Weihnachten/Silvester tgl. ab 17 Uhr, Öffnungszeiten außerhalb der Saison s. Website, ab 11 €

 Stöbern & entdecken

Regionale Spezialitäten
Bio- und Erlebnismarkt
Auf dem Museumshof ❸ gibt's Gemüse, Obst, Honig, Käse, Keramik und viele andere schöne Sachen. Dazu im Sommer ab 11 Uhr Frühschoppen mit Live-Musik.
Museumshof, April und Okt. Do 10–13, Mai–Sept. Do 10–14 Uhr

Kerngesund und bekömmlich
Museumsbäckerei und Café »Alt Zingst«
Gebacken wird in der Museumsbäckerei ❸ wie in alten Zeiten. Klassiker: das »Zingster Urbrot«, im Steinofen gebackenes Dinkelbrot. Im Café oder draußen auf der Terrasse kann man Frühstück und Kuchen genießen.
Strandstr. 1, tgl. 7–18 Uhr

Zum Schmökern
Läsen un Schriben ❶
Sympathische, kleine Buchhandlung unter einem Schilfdach.
Klosterstr. 4, T 038232 808 67, Mo–Sa 10–18, So 12–17 Uhr

Allerlei Köstlichkeiten
Mee(h)r Gourmet ❷
Kurz vor der Seebrücke trennt nur eine Die Adresse lautet zwar Strandstraße, aber der Eingang zum Mee(h)r Gourmet befindet sich nicht in der Klosterstraße. Hier gibt es Weine, Gewürze, Tee, Kaffee, Gebäck, handgemachte Schokoladen und Nugattörtchen, mediterrane Fruchtaufstriche, Senfe und Dips.
Strandstr. 62, T 038232 156 90, www.meehr-gourmet.de, Nov.–März Mo–Sa 11–18, April–Okt. Mo–Sa 10–18, So 12–18 Uhr

Organic – the better way to live
Fernblau ❸
Heller, neuer Laden mit hochwertig verarbeiteter Mode aus Naturmaterialien – Seide, Leinen, Bambus, dazu: individuelle Accessoires und schöne Dinge.
Hafenstr. 27, T 0151 53 76 34 15, www.fernblau.com, Mo–Sa 11–17 Uhr

Jedes Stück ein Unikat
Pödderie
Knallig orange gestrichenes Haus, in dem Sabine Schagun Gebrauchskeramik und Dekoratives töpfert. Harmonische Formen und klare Farben kennzeichnen ihre Arbeiten, türkis, grün und nachtblau, braun und beige erinnern an Strand und frische Seeluft,
Hafenstr. 43, Mo—Fr ab 10 Uhr, im Winter bis 17 Uhr, im Sommer länger, Sa 10–13 Uhr

----

☼ Wenn die Nacht beginnt

Die Füße im Sand
Eiscafé und Strandbar Zuckerhut
Vor der Seebrücke lädt der Zuckerhut zum Verweilen ein. Ein angenehmer Platz unter Kiefern, es gibt guten Kaffee, und hausgemachte Eisspezialitäten. An der Strandbar werden im Sommer exotische Cocktails gemixt, chillige Musik (Livemusik und DJ) zur untergehenden Sonne, Tanzworkshops am Strand, im Juli und Aug. (Termine auf www.zingst. de unter aktivitaeten/kultur-genuss)
Seestraße 56, T 0173 357 80 57

♣ Sport & Aktivitäten

Kreatives Schaffen im Heimatmuseum
Traditionshandwerk bietet die Kreativwerkstatt in der Pommernstube **3** – Ausstellungen zum Gucken, Kurse zum Selbermachen: Filzen, Glasgravur, Bernsteinschleifen in der Bernsteinwerkstatt Strandgut (kontakt@beate-hentschel.de, T 038232 26 06 85, Mo–Sa tgl. 10–14 Uhr und nach Vereinbarung). Der Bauern- und Kräutergarten hinter der rohrgedeckten Scheune lädt zum Entspannen ein.

INFOS

Boddenausflüge: Die Reedereien bieten in der Saison Fahrten ab Zingst, Fahrradmitnahme möglich. Eine umfassende Übersicht (Zeiten, Preise sowie einige Links) bietet die Website: www. fahrgastschifffahrt-fischland-darsszingst.de; **Boddenrundfahrten** mit dem Mississippi-Schaufelraddampfer RIVER STAR: Mitte März bis Mitte/ Ende November, 2–4x tgl., im Juli/Aug. auch Abendfahrten.
Geführte Touren: Spaziergang durch Zingst. Ab April Mo 10 Uhr, Kurhaus, ca. 3 Std., Länge ca. 5 km, 8 € (mit Kurkarte 5 €).
Fährverkehr Zingst-Barth: April–Okt. mit MS Likedeeler und MS Ostseebad Zingst, je nach Saison 6–8x tgl.
Zingst-Hiddensee (Neuendorf): Mitte Juni–Mitte Sept., So 8 Uhr, Mitte Sept. bis Mitte Okt. Sa 9 Uhr ab Zingst, jeweils 4 Stunden Inselaufenthalt

Die Tauchgondel an der Seebrücke hat Feierabend, die Lichter gehen an.

Backbord (also links für alle Landratten) – ein Seeadler!

Zingst-Hiddensee (Vitte): April–Okt, mit MS Schaprode und MS Sundevit geht es 1–5 x pro Woche nach Hiddensee (Vitte).

Barth-Zingst-Born-Ahrenshoop-Ribnitz-Damgarten: Mitte April bis Ende Okt., je nach Saison und Strecke 1–6 x pro Woche

Kranichbeobachtung auf dem Boddendeich: Den abendlichen Einzug der Kraniche kann man von mehreren Aussichtspunkten auf dem Deich südlich des Hafens beobachten. Der asphaltierte Deichweg ist mit Rollstuhl und Kinderwagen gut befahrbar, die zwei Aussichtsplattformen sind barrierefrei und entsprechend im Ortsplan markiert.

Kranichrundfahrten: Mit dem Schaufelraddampfer RIVER STAR; T 0382 342 39, www.reederei-poschke.de, im Sept./Okt. tgl. ab Hafen Zingst

Radwanderung: Vogelschutz-Insel Kirr, ab April Mi, 10 Uhr, Kurhaus, ca. 4 Std., 19 € (mit Kurkarte 17 €). Tour durch den Osterwald, Überfahrt zur Insel Kirr mit Barkasse, Länge ca. 18 km.

Tourist-Informationen im Kurhaus: Seestr. 56/57, T 038232 815 80, tgl. 9–21 Uhr, www.zingst.de

Zimmervermittlung: Am Bahnhof 1, T 038232 8 15 21, Mo–Fr 9–12, 13–18, in der Saison auch Sa, So 10–12, 14–18 Uhr

TERMINE

Zingster Klaviertage: Ostern. Klassik, Jazz, Comedy und Boogie-Woogie, gespielt an verschiedenen Orten.

Umweltfotofestival »horizonte zingst«: 14 Tage Ende Mai/ Anfang Juni. Im Mittelpunkt der Ausstellungen und Workshops steht die Beziehung des Menschen zu Landschaft, Flora und Fauna, www.horizonte-zingst.de.

IN DER UMGEBUNG

Kranichbeobachtung

Rund 8 Kilometer östlich von Zingst liegt der Parkplatz des Hotels Schlösschen Sundische Wiese. Von hier geht es nur zu Fuß oder per Rad weiter entlang der **Sundischen Wiesen zum Pramort** (▶ S. 86), der nach 8 weiteren Kilometern erreicht wird. Dort nehmen im Herbst Zehntausende Kraniche ihre angestammten Schlafplätze ein. In diesem Zeitraum kostet der Eintritt in den Nationalpark 5 €. Kartenverkauf am Kontrollpunkt Sundische Wiese, erste Septemberhälfte 16–19 Uhr, ab Mitte Sept. 15–19 Uhr. Davor ist der Bereich Pramort ab 8 Uhr frei zugänglich. Taschenlampe mitnehmen, da die Rücktour in der Regel im Dunkeln verläuft!

Tagestour nach Hiddensee

Dat söte Länneken – das süße Ländchen nennen die Einwohner ihr Eiland liebevoll. Ob sich ein Ausflug von Zingst aus lohnt? Mit nur vier Stunden Aufenthalt? Ja, unbedingt. Die Insel mit ihrer einzigartig schönen und vielfältigen Landschaft, mit Dünenheide im Süden und Steilküste im Norden, ist ein Traum. Die Inselorte Kloster, Vitte und Neuendorf verteilen sich von Nord nach Süd, sie alle haben einen kleinen Hafen. Von Zingst aus laufen die Schiffe meist Vitte an. Verkehrsmittel auf der Insel sind Fahrräder und Pferdekutschen – denn Hiddensee ist autofrei.

Neuendorf, der südlichste und ruhigste Ort von Hiddensee, ist anders. Weiß getünchte Reetdachhäuser auf grüner Wiese und schmale Trampelpfade prägen den denkmalgeschützten Ort. Am nördlichen Dorfrand liegt das kleine **Fischereimuseum Lütt Partie** (in der Saison Mo–Sa 14–17 Uhr, Spende erbeten).

Etwa 5 Kilometer sind es durch die Dünenheide nach **Vitte**, dem Sitz der Inselverwaltung. Zu den originellsten Häusern der Insel zählt **das Karussell** am Nordrand von Vitte (Norderende, Boddenseite). Der 1922 von Max Taut entworfene Rundbau, der heute u.a. für Trauungen genutzt wird, gehörte einst Asta Nielsen. Die berühmte dänische Schauspielerin verbrachte von 1925 bis 1933 ihre Ferien auf der Insel. Nach der Machtergreifung durch die Nationalsozialisten verließ der Stummfilmstar das Land für immer (Besichtigung in der Saison Di, Do, Sa 11–14 Uhr, 2,50 €). Seit 1990 ist Hiddensee Teil des Nationalparks Vorpommersche Boddenlandschaft. Im nördlichsten Haus von Vitte befindet sich das **Nationalparkhaus**, das Wissenswertes über die Schutzzone vermittelt (April–Okt. 10–16 Uhr, Spende erbeten). Zwei Wege führen weiter gen Norden. Besonders schön ist der Deichweg, der oberhalb des Hafens von **Kloster** ankommt. Nur wenige Schritte sind es vom Hafen zum Kirchweg, der zentralen Achse des Dorfes. An ihrem westlichen Ende, in der 1888 entstandenen Seenotstation, befindet sich das **Heimatmuseum**, in dem eine beachtliche Bernsteinsammlung und die Nachbildung des berühmten Hiddenseer Goldschmucks zu sehen ist (Kirchweg 1, Mai–Okt. tgl. 10–16 Uhr, 4 €).

Die berühmteste Attraktion Klosters ist das **Gerhart-Hauptmann-Haus**. Der Autor und Nobelpreisträger war von 1885 bis 1943 regelmäßig auf Hiddensee zu Gast. Das Haus Seedorn, das er 1930 kaufte, ist heute für Besucher geöffnet (Kirchweg 13, Mai–Okt. Mo–Sa 10–17, So 13–17 Uhr, 6 €). Die 1332 erbaute Kirche ist das älteste Bauwerk der Insel, aus dem Jahr 1922 stammt die außergewöhnlich Rosenbemalung des hölzernen Tonnengewölbes. Die Kirche umgibt der alte Friedhof, der größte Stein steht auf dem Grab Gerhart Hauptmanns.

Wanderung auf den Dornbusch:

Von Kloster führt eine schmale Straße Richtung Nordosten in den Ortsteil Grieben am Fuße des Dornbusches, einer hinreißend schönen Hügellandschaft mit Ginster- und Sanddornbüschen. Auf dem Bakenberg, der mit 72 m über dem Meer höchsten Erhebung der Insel, steht der Leuchtturm. Seit über 100 Jahren ist das 28 m hohe Leuchtfeuer Dornbusch im Hochland von Kloster das Wahrzeichen der Insel. Der Ziegelbau wurde 1888 in Betrieb genommen, 102 Stufen führen zur Aussichtsgalerie in 20 m Höhe (Mai–Okt. tgl. 10.30–16 Uhr, 3 €). Infos Schiffsverbindung von Zingst: siehe oben. Versorgung: Restaurants und Cafés in allen Inselorten. Tipp: In Grieben sollte man im **Gasthaus Zum Enddorn** mit dem gemütlichen Restaurant Bilderkneipe einkehren (T 038300 460, www.enddorn.de).

Ein weites Land – **durch die Sundischen Wiesen**

Manchmal gibt es perfekte Tage für Radler – dann sausen die Räder über den schnurgeraden Deich in Richtung Osten. Zum Pramort, wo die Halbinsel Zingst ihre Nase in die Ostsee steckt. Der Blick schweift über den Großen Werder. Die Kleinen Werder zum sandbeigen Windwatt erscheinen wie das Ende der Welt.

Vom Parkplatz am **Hotel Schlösschen Sundische Wiese** **1** geht es los, am besten mit dem Fahrrad. Nach ein paar hundert Metern ist man am **Nationalpark-Informationszentrum** **2**. Zwei über den Köpfen der Besucher fliegende Vogelmodelle – die Graugans Akka und Kranich Nils – führen durch die Ausstellung. Kraniche und Graugänse sind wichtige Themen, ebenso die Geschichte Landwirte und der Sundischen Wiesen.

Pächter am Ende der Welt
Jahrhundertelang gehörte die Insel Zingst der Hansestadt Stralsund, die die (stral)sundische Wiese als **Sommerweidefläche** für die stadteigenen Rinder nutzte. Das Vieh wurde im Frühjahr und Herbst in einem boddentauglichen, flachen Schiff (Prahm) übergesetzt. In der Umgebung der Anlegestelle (Pramort) ließen sich im 17. Jh. einige Bauern nieder. Das Leben war nicht leicht, der Boden karg, neue Besitzer erhöhten jeweils den Pachtzins. 1937 wurde der Zingster Ostzipfel **Militärstandort**. Die Bewohner mussten gehen, die verlassenen Bauernhöfe dienten fortan als Bomben-Abwurfziel. Erst Ende 1991 gab das Militär den Standort an den Sundischen Wiesen endgültig auf.

So nah und doch so fern
Seit der Gründung des Nationalparks kehrt die Natur zurück. Die einzige Straße für den Autoverkehr gesperrt, Fußgänger und Radfahrer teilen sich den neuen Landesschutzdeich.

Unterwegs nach Pramort: Wenn einem der Wind ins Gesicht pustet, kann man auf den **Weg am Deichfuß** ausweichen, hier muss man allerdings auf den Weitblick verzichten.

Röhricht und Birkenwäldchen zur Linken, dahinter ahnt man das Meer. Zur Rechten: ein schmaler Baumstreifen, dahinter (Prärie)Wiesen bis zum Bodden. Ein Schild weist zur Hohen Düne. Das Rad bleibt stehen, zunächst folgt man der Deichkrone, dann geht es weiter über federnde Bohlenwege durch unberührte Landschaft. Kleine Sümpfe, Heidehügel und Kiefernwäldchen – nach gut 1,5 Kilometer ist die **Hohe Düne** 3 erreicht – mit 13 Meter Höhe das höchste Weißdünenmassiv der deutschen Ostseeküste. Traumhaft ist der Blick von der Aussichtsplattform unmittelbar oberhalb des Strandes. Trotz verlockender Strandnähe ist das Baden nicht möglich, die Natur ist geschützt, Kernzone 1 des Nationalparks, die Vogelspuren im Sand werden nur vom Wind verweht.

Die Hohe Düne – was Sie hier nicht sehen: zu Füßen weißer Sand, dahinter die grünblaue Ostsee.w

Sehen, aber nicht gesehen werden

Zurück am Hauptweg ist es nicht mehr weit nach **Pramort** 4. Von den Aussichtshütten (eine alte/ eine neue) schweift der Blick in die Ferne. In dieser Region verbringen Tausende von Kranichen stehend im flachen Gewässer die herbstlichen Nächte. Der Seeadler zieht ganzjährig seine Kreise, mitunter spazieren Hirsche über das flache Meer.

INFOS/ÖFFNUNGSZEITEN

Start: Hotel Schlösschen Sundische Wiese, Fahrradverleih, Biergarten, Restaurant, Tourlänge: nach Pramort und zurück 16 km, plus 3 km Abstecher zur Hohen Düne.
Nationalpark-Infozentrum: April–

Aug. tgl. 10–17, Sept.–Dez. tgl. 10–16 Uhr, Eintritt frei
Geführte Fahrradtouren: zum Pramort. Treffpunkt ist das Nationalpark-Informationszentrum. Ganzjährig Mi 11 Uhr, Dauer ca. 3 Std., eine Spende ist erwünscht.

Faltplan: L/M 2

Die südliche Boddenküste

Zwei gediegene kleine Städtchen an der Boddenküste bilden die Eingangstore zur Halbinselkette
Fischland-Darß-Zingst: die Bernsteinstadt Ribnitz-Damgarten und die Vinetastadt Barth. Sie sind
beliebte Tagesausflugsziele für ›Darßurlauber‹ und
die touristischen Zugpferde dieser ansonsten eher
ruhigen Region. Einige sanfte, kleine Badebuchten
am schilfgesäumten Bodden, verschlafene Dörfer, verkehrsarme Straßen,
hier und da ein Wäldchen und Äcker, auf denen Kraniche während der
Zugsaison tagsüber ihr Futter suchen.

Ribnitz-Damgarten

📖 D/E 7/8, Cityplan S. 92

Das landschaftlich reizvoll am Südufer des Saaler Bodden gelegene Doppelstädtchen trägt seit 2009 die Bezeichnung Bernsteinstadt und verweist damit auf seine meistbesuchten Attraktionen: das Bernsteinmuseum und die Bernsteinmanufaktur.

Vom Markt zum Kloster bummeln

Der Markt im Zentrum von Ribnitz ist ein guter Ausgangspunkt für einen

---

DOPPELSTADT-BACKSTEINGOTIK

Ribnitz-Damgarten liegt zwischen Rostock und Stralsund. Weniger bekannt ist: Auch die Klosterstadt an der Recknitz gehört zur Europäischen Route der Backsteingotik. Das sich mitten durch die Stadt schlängelnde Flüsschen Recknitz markierte lange die Grenze zwischen den Herzogtümern Mecklenburg und Pommern und trennte das von einer etwa 2000 Meter langen und 3 Meter hohen Stadtmauer umschlossene Ribnitz in Mecklenburg von dem ebenfalls wehrhaften Damgarten in (Vor-) Pommern. Erst 1950 wurden die Städte zusammengelegt. Das mit reicher Blendbogengliederung versehene, von einem kleinen achteckigen Turm gekrönte **Rostocker Tor** **1** aus der 1. Hälfte des 15. Jh. ist das einzige erhaltene von ehemals fünf Toren in Ribnitz. Es ist eine der Perlen der Backsteingotik, zu denen auch das Klarissenkloster in Ribnitz und die St. Bartholomäuskirche in Damgarten zählen, siehe www. eurob.org.

Stadtbummel. Unmittelbar hinter der Tourist-Information – einem bemerkenswert modernen Quader, auffällig und unauffällig zugleich – erhebt sich **St. Marien** **2**, eine stattliche dreischiffige Hallenkirche, deren älteste Teile aus dem 13. Jh. stammen. Sie wird heute für den Gottesdienst aber auch als Gemeindehaus und Konzertsaal genutzt. (Mo–Fr 10–16, Juni–Sept. auch Sa 10–16 Uhr, Turmbesteigung bis 15.30 Uhr, Gottesdienst So 10 Uhr). Die Ostseite des Marktplatzes dominiert die klassizistische Fassade des nach einem Entwurf von Georg Barca 1834 fertig gestellten **Rathauses** **3**. Nicht nur Kinder lieben den vom Rostocker Künstler Thomas Jastram gestalteten, begehbaren **Bernsteinbrunnen** **4**. Das Bronze-Ensemble zeigt Bernsteinsucher am Meer, wunderbar ist es, an heißen Sommertagen zwischen den Figuren im Wasser herum zu plantschen. Am Brunnen vorbei gelangt man in die Klosterstraße, die in wenigen Spazierminuten zum historischen Klarissenkloster, der Hauptattraktion des Ortes, führt.

Beten und Bernstein

Europas größte Ausstellung über das Gold des Nordens ist im **Deutschen Bernsteinmuseum** **5** im ehemaligen Klarissenkloster Ribnitz untergebracht. Sie informiert über Herkunft und Entstehung, Lagerstätten, Gewinnung und Verarbeitung des fossilen Harzes. Spannend und anschaulich die Darstellung der Kunst- und Kulturgeschichte: Zu bewundern sind Amulette steinzeitlicher Jäger, fein gearbeitete Gegenstände aus dem 16. und 17. Jh. sowie Bernsteinkunst. Noch immer rätselhaft ist der Verbleib des St. Petersburger Bernsteinzimmers, faszinierende Attraktionen sind auch die Bernsteineinschlüsse. In der (in den Gebäudekomplex integrierten) **Klosterkirche** zeigt die Ausstellung »Dame von Welt«, aber auch Nonne« die Entwicklung des Klosters vom Klarissenkloster zum adligen Damenstift (▸ S. 96).

Im Kloster 1–2, Ribnitz, T 03821 46 22, www. bernsteinmuseum.info, März–Okt. tgl. 9.30–18, Nov.–Feb. Di–So 9.30–17 Uhr, 8,50 €, nettes Museumscafé

Eidechse im Bernsteinmuseum: vor 40 Millionen Jahren eingeschlossen im fossilen Harz

Feiningers Werke

Ein Bewunderer der Kleinstadt am Saaler Bodden war der berühmte deutsch-amerikanische Maler Lyonel Feininger. Die während seiner Aufenthalte 1905 und 1921 entstandenen Ribnitzer Motive prägten auch viele seiner späteren Werke. Das Feininger-Kabinett der in einem der ehemaligen Stiftsdamenhäuser untergebrachten **Galerie im Kloster** **6** präsentiert eine kleine Auswahl von Originalen. Den thematischen Schwerpunkt der Kunstsammlung des Landkreises Vorpommern-Rügen bildet die Künstlerkolonie Ahrenshoop und die künstlerische Tradition auf Fischland und Darß. Wechselnde Ausstellungen präsentieren zeitgenössische Künstler. Eine tolle Möglichkeit bietet die Artothek, hier kann man sich eines der im Obergeschoss ausgestellten Kunstwerke aussuchen und für 5 € pro Monat ins eigene Wohnzimmer hängen.
Im Kloster 9, T 03821 47 01, www.galerie-rib nitz.de, Di–Sa 11–17 Uhr, Eintritt frei

Schmucke Hersteller

Die größte Bernsteinverkaufsausstellung Europas liegt in einem pyramiden-

förmigen Gebäude an der B 105 im Gewerbegebiet im Ortsteil Damgarten. Die **Bernstein-Schau-Manufaktur** **8**

Sehenswert

1. Rostocker Tor
2. St. Marien
3. Rathaus
4. Bernsteinbrunnen
5. Deutsches Bernsteinmuseum
6. Galerie im Kloster
7. Alte Dampfbäckerei
8. Bernstein-Schau-Manufaktur

In fremden Betten

1. Hotel Wilhelmshof
2. Schlafen im Hafen

Satt & glücklich

1. De Zees
2. Meeresbuffet

Stöbern & entdecken

1. Riebnitzer Bernstein-Drechslerei
2. Kerstins Bioladen
3. Galerie Fischlandschmuck, Bernstein-Galerie E

Sport & Aktivitäten

1. Bodden-Therme
2. MS Boddenkieker
3. Körks Strandarena
4. Kanu-und Tretbootverleih/

---

ging 1992 aus einem Traditionsbetrieb (VEB Ostseeschmuck) der ehemaligen DDR hervor. Bei einem Rundgang sieht man direkt in die Werkräume und verfolgt die Entstehung des Schmucks. Wer mag, kann auch sein eigenes Schmuckstück herstellen, in der Verkaufsausstellung nach einem Geschenk Ausschau halten und im Café entspannen.

An der Mühle 30, Damgarten, T 03821 885 80, www.ostseeschmuck.de, Mo–Fr 9.30–18, Sa 9.30–16 Uhr, 3 € (darin enthalten 2 € Gutschein beim Einkauf)

....

SCHLEMMEN, SHOPPEN, SCHLAFEN

 In fremden Betten

Zum Wohlfühlen
Hotel Wilhelmshof 1
Zehn individuell und gemütlich einge-

richtete Zimmer gibt es in diesem über 300 Jahre alten Wohn- und Speichergebäude an der Hauptstraße. Dazu gehören eine Bibliothek und eine gemütliche Gaststube. Zusätzlich im Angebot sind regionale, den Jahreszeiten angepasste und ayurvedische Speisen. Auf Wunsch: Einführung in die Meditation/ gemeinsame Meditation. Nett ist übrigens auch die Nachbarschaft: Gleich nebenan befindet sich die Wossidlo-Buchhandlung (Lange Straße 24, sehr zu empfehlen!).

Lange Str. 22, Ribnitz, T 03821 22 09, www.hotel-wilhelmshof.de, DZ 100–130 €, das Restaurant ist über Mittag und ab 18 Uhr geöffnet, Speisen 13–24 €

Willkommen an Bord
Schlafen im Hafen 2
Wohnen vor der ersten Reihe – die Hausboote mit den hübschen Namen Leni, Charlotte, Rosi und Louisa

bieten Platz für bis zu vier Personen (Marie sogar für 6 Pers.) Es gibt zwei Schlafzimmer, ein Bad mit Dusche und ein großes Wohnzimmer mit offener Wohnküche. Von der 15 m² großen Bugterrasse oder der 25 m² großen Oberdeck-Terrasse genießt man die Aussicht auf den Hafen.

Am See 45, T 0152 53 92 02 03, www.wellenrei ter-ferienhaus.de, je nach Saison 600–832 € für vier Tage. Optional: Wanderkajak für 2 Pers. für 50 €/Woche

....

🍴 **Satt & glücklich**

Dorsch und mehr
De Zees ❶
Das einst als Atelier für die Kunstmalerin Natali von Modl errichtete Haus bietet eine wunderbare Aussicht über Hafen und Ribnitzer See, stimmungsvoll vor allem zum Sonnenuntergang. Die Speisen wie Dorschfilet werden frisch und sorgfältig zubereitet. Ein Genuss an heißen Sommertagen.

Am See 1a, Ribnitz, T 03821 89 48 30, www. fischhafen.de/de-zees, tgl. durchgehend warme Küche ab 11.30–21.30 Uhr, im Winter Mo Ruhetag, 11–25 €

Meerestheke
Meeresbuffet ❷
Im Ribnitzer Fischhafen kann man mit Hafenblick gebratenen Hering, Zander, Lachs, Aal und andere Fische essen. Keine Gourmetküche, aber in Ordnung: Restaurant Meeresbuffet: tgl. 11–21 Uhr durchgehend warme Küche, ab 11 €), nebenan in der Meerestheke gibt's frischen und geräucherten Fisch, auf Wunsch werden Fischbrötchen zubereitet.

Am See 40, tgl. Mo–Fr 9–18, Sa 9–14 Uhr

93

Freilichtmuseum Klockenhagen – so lebte man damals. Grandios! Muss man hin!

🛍 Stöbern & entdecken

Zwischen Markt und Kloster
Bernsteinmeile
In der gläsernen Werkstatt im Ladengeschäft der **Ribnitzer Bernstein-Drechslerei** (schräg gegenüber der Tourist-Information am Markt) hat man die Gelegenheit beim Entstehen der Arbeiten zuzuschauen oder seinen Bernsteinschmuck reparieren bzw. restaurieren zu lassen. Zur Drechslerei gehört auch eine Silber- und Goldschmiede (Lange Straße 48, www.bernstein-drechsler.de, Mo–Fr 10–18, Sa 10–14 Uhr). Klassischen Fischlandschmuck – Silberschmuck mit Meeresmotiven in Kombination mit Naturbernstein – bietet die **Galerie Fischlandschmuck** ❷ (Neue Klosterstr. 5, T 03821 81 49 50, www.fischland-schmuck.de, Mo–Fr 10–18, Sa 10–14 Uhr). Gleich nebenan präsentiert die **Bernstein-Galerie E** ❷ modernen Bernsteinschmuck internationaler Künstler (bernsteingalerie-ribnitz.de, Mo–Fr 10–18, Sa 10–14 Uhr).

🏊 Sport & Aktivitäten

Ganzjährig Baden
Bodden-Therme ❶: Erlebnisbad mit Sport- und Wellenbecken, 60 m Rutsche, Saunabereich drinnen und draußen.
Körkwitzer Weg 15, Ribnitz, T 03821 390 99 61, www.bodden-therme.de, Di, Mi 14–22, Do, Fr, So 10–22 Uhr, in den Ferien tgl. 10–22 Uhr, 3 Std. 10 €

Mit Schiff und Fahrrad
MS Boddenkieker ❷: fährt vom Hafen Ribnitz in der Saison bis zu dreimal täglich über den Saaler Bodden nach Dierhagen und Wustrow, Fahrräder können mit an Bord genommen werden.
Info: Fahrgastbetrieb Kruse und Voß GmbH, T 038220 5 88, www.boddenschifffahrt.de

---

NATURKOST MIT IMBISS

Kerstins Bioladen
Links neben der (mittlerweile leider größtenteils leerstehenden) Kleinen Fischerpassage bietet ein gut sortierter Naturkostladen frisches Obst, Gemüse, Fleisch, Wein, Backwaren, Sanddorn-produkte, Naturkosmetik. Große klasse ist der Imbiss: Täglich gibt es eine Suppe (knapp 5 €) und ein wechselndes Tagesgericht (knapp 7 €), sehr lecker!
Am Markt 12, Ribnitz, T 03821 70 77 50, www.kerstins-bioladen.de, Mo–Fr 9–18, Sa 9–12 Uhr (in der Saison bis 13 Uhr)

Chillen am Bernsteinsee
Körks Strandarena ❸
In einem ehemaligen Kiestagebau
entstand der idyllische, von einem
Schilfgürtel gesäumte Bernsteinsee.
Ein schöner Platz für die ganze Familie,
5 Kilometer von Ribnitz, mit kleinem
Strand, Wasserskianlage, einem schwim-
menden Trampolin, Spielplatz, Minigolf
und nettem Café am See.
Am Bernsteinsee 1, OT Körkwitz, T 03821 709
43 00, www.koerks.de, Juni Mo–Fr 11–20,
Sa/So 10–20 Uhr, bei schönem Wetter auch
länger, im Juli/Aug. bis zum Sonnenuntergang,
Sept. Di–Fr 14–20, Sa/So 10–20, Okt. Sa/So
10–20 Uhr

Selber in See stechen
Kanu- und Tretbootverleih ❹
Damgarten hat einen kleinen Hafen mit
Wasserwanderrastplatz/ sanitären Anla-
gen und man kann Zelten. In der Saison
Verleih von Kanus und Tretbooten für
Touren auf Recknitz und Bodden.
Schillstr. 33, Hafen Damgarten, T 03821 60 68 47

INFOS

**Stadtinformation Ribnitz-Damgar-
ten:** Am Markt 14, 18311 Ribnitz-Damgarten, T 03821 22 01, www.
ribnitz-damgarten.de, Mitte Mai–Ende
Okt. Mo–Fr 10–18, Sa 10–15, So 10–14
Uhr, Anf. Nov.–Mitte Mai Mo, Di, Mi, Fr
10–12, 13–16, Do 10–12, 13–18 Uhr.
Stadtrundgang: In der Saison bis Mitte
Sept. Mi 11 Uhr, ab Tourist-Info, Dauer
ca. 1,5 Std., 4 €

TERMINE

Hafenfest: 3. WE im Aug., Fr–So, Hafen
Ribnitz. Drachenbootrennen, Marktstän-
de, Kinderprogramm und Live-Musik.
Ahoi – Mein Hafenfestival: Mitte
Juni bis Mitte Aug., Hafen Ribnitz. Ein
hochkarätiges Musikprogramm vor
traumhafter Kulisse: (Chor)Konzert mit
Feuershow, Rock'n Ballett, Sternstunden
des Musicals.
Orgelsommer: Mitte Juni–Ende
Aug., in der Ribnitzer Stadtkirche. Das
Programm ist breit gefächert, es reicht
von den alten Meistern zu modernen
Komponisten, von Solo bis Chormusik.

IN DER UMGEBUNG

Etwas Besonderes
Der **Gutshof Hessenburg** (◫ F 6) von
1840 und sein Park, 14 km nordöstlich
von Ribnitz, bilden das Zentrum des
gleichnamigen Dorfs. Zum Badestrand
am Saaler Bodden sind es 2 km. Das
Kranichmuseum zeigt und erklärt
zeitgenössische Kunstprojekte (April–
Okt. Fr–Sa 11–17 Uhr, 3 €). Geschmackvoll sind die sieben Gästezimmer mit
unverputzten Backsteinwänden. Zwei
Ferienwohnungen liegen im ehemaligen
Eishaus. In der alten Hofschmiede ist
das **Kranich Café** untergebracht (Juni–
Sept. Di–Fr 14–20.30, Sa/So 12–20.30
Uhr, März–Mai, Okt.–Anf. Januar Mi–Fr
14–19.30, Sa/So 12–19.30 Uhr).
Hessenburg/Saal, T 038223 66 99 00, www.
schmiede-hessenburg.de, DZ,/FeWo ab
98–118 €

Ländliche Idylle
Beim **Freilichtmuseum Klockenhagen**
(◫ C 8) handelt es sich um ein liebevoll zusammengetragene Ensemble
historischer Gebäude. Den Anfang
machte der Bauernhof von Heinrich
Peters, der 1970 der Stadt Ribnitz von
seinem Besitzer für die Einrichtung
eines Freilichtmuseums übergeben
wurde. Seither sind viele historische
Gebäude aus der Region dazugekom-
men, sie wurden abgetragen und hier
wieder aufgebaut – die letzte noch
erhaltene Bockwindmühle des Landes,
rohrgedeckte Hallenhäuser, Landarbei-
terkaten, Spritzenhäuser sowie eine
Fachwerkkirche. In einem Tante-Em-
ma-Laden gibt es Keramik, Aquarelle,
Emaille-Geschirr, Besen und Bürsten.
Familienfreundlich sind Mitmach- und
Bastelangebote wie Filzen, Korbflech-
ten, Backen am Holzofen. Duftende
und nützliche Pflanzen findet man im
Bauern-Kräuter-Garten. Die Gaststätte
»Up dei Däl« im Haus Strassen (von

13

Nonnenstaub erzählt Geschichte – im **Kloster Ribnitz**

Blattwendehölzchen, zerlesene Gebetbuchseiten, rötliche Zweige (Zauber, Magie, Aberglaube?), eine kaputte Brillenfassung und verblasste Andachtsbildchen – zahlreiche Fragmente profaner Alltagsgegenstände der Nonnen, aber auch anrührende Zeugnisse der Frömmigkeit vergangener Jahrhunderte wurden 2001 in den Hohlräumen unter dem Nonnengestühl im Chorsaal der Klosterkirche entdeckt.

Ob die Gegenstände versehentlich oder absichtlich unter die Sitzreihen gerieten, lässt sich nicht mehr sagen. Ausgestellt sind sie in der Klosterkirche. Wer die Tür neben der Kasse im Foyer des Bernsteinmuseums öffnet, betritt die ehemalige Klosterkirche: Gedämpftes Licht und Stille empfangen den Besucher im Raum unter der Nonnenempore, in der die Zeit des Klosters als Klarissenkonvent dokumentiert ist.

Ein Haus für Töchter aus gutem Hause

1323 stiftete **Herzog Heinrich II. von Mecklenburg,** genannt der Löwe, dem Franziskanerorden seinen Ribnitzer Hof und umliegende Ländereien für die Einrichtung eines Nonnenklosters. Zu den Bewohnern gehörte (seit 1327) auch seine erst 5 Jahre alte Tochter Beatrix, die bereits mit 25 Jahren zur Äbtissin gewählt wurde. In ihre Amtszeit fällt der Bau der Klosterkirche – das einzige, noch aus der Gründerzeit erhaltene Bauwerk und viele Jahrhunderte lang das Zentrum und Herz der Klosteranlage und des klösterlichen Alltags. Die 2001 entdeckten Alltagsrelikte, der sogenannte ›Nonnenstaub‹, liegen sorgsam angeordnet und beschriftet in Vitrinen mitten im Raum.

Die berühmten Ribnitzer Madonnen

An den Wänden des abgedunkelten Raumes reihen sich frei stehende Vitrinen mit Holzskulpturen, die einst die Altäre der Klosterkirche

Das Klarissenkloster in Ribnitz beherbergt auch das Deutsche Bernsteinmuseum – im Winter wie im Sommer.

schmückten. Die **Bildhauerarbeiten** sind Werke des 14. bis 16. Jahrhunderts. Die Figur der heiligen Klara, um 1330 in Lübeck entstanden, begleitet das Kloster seit seiner Gründung. Nach der Reformation wurde das mecklenburgische ›Landeskloster Ribnitz‹ – so wurde es fortan bezeichnet – ein evangelisches adliges **Damenstift** für unverheiratete Frauen. Ihnen ist die Ausstellung im Kirchenschiff gewidmet.

Die letzte Stiftsdame und Domina

Noch im Jahr ihrer Geburt wurde **Olga von Oertzen** von ihren Eltern als Exspektantin (Anwärterin) des Klosters eingeschrieben. Obwohl die Klöster 1920 offiziell aufgehoben und ihr Besitz verstaatlicht worden war, erstritt der klosterberechtigte Adel in einem aufsehenerregenden Prozess das Recht, die schon erteilten Anwartschaften auf die Klosterstellen auch zu bekommen. So konnte Olga von Oertzen im Oktober 1930 in das Haus Nr. 7 einziehen, das sie bis zu ihrem Tod im Jahr 1961 bewohnte. Zu ihrem 50. Todestag wurde ihr ein Denkmal gesetzt: Olga von Oertzen steht (in Bronze gegossen) mit ihrem Hund Optimus vor dem einstigen Dominahaus des Damenstifts. Die Inschrift gewährt einen weiteren unerwarteten Blick in den nachklösterlichen Alltag: »O.v.Oertzen war im Roten Kreuz engagiert für viele Flüchtlinge nach Kriegsende, aber auch Natur + Tierfreundin + Ostseebaderin, sprach Plattdeutsch, rauchte gern Zigarren.«

INFOS/ÖFFNUNGSZEITEN
Dame von Welt, aber auch Nonne: Ausstellung zur Geschichte des einstigen Klarissenkonvents und späteren Adligen Damenstifts Ribnitz, www.kloster-ribnitz.de. Öffnungszeiten und Eintritt wie Bernsteinmuseum (März–Okt. tgl. 9.30–18, Nov.–Feb. Di–So 9.30–17 Uhr, 8,50 €, Eintritt ohne Bernsteinmuseum 3 €).

Vogelreich – Tiere von allen Kontinenten wohnen im Vogelpark Marlow. Ein Paradies für Entdecker in der freien Natur aber ist die schilfreiche Boddenküste. Fernglas nicht vergessen. Mit etwas Glück sieht man einen Seeadler kreisen.

1671), einem der schönsten Fachwerkhäuser der Region, bietet Mecklenburger Küche, hier finden auch Kräuter aus dem Bauerngarten Verwendung. Mecklenburger Straße 57, 18311 Ribnitz-Damgarten, T 03821 27 75, www.freilichtmuseum-klockenhagen.de, April–Mai, Okt. tgl. 10–17, Juni–Sept. tgl. 10–18 Uhr, in der kalten Jahreszeit geschlossen, Erw. je nach Saison 6 bzw.8 €, Kinder (7–16 J.) 3 €

»Ostblock«-Technik

Im **Technikmuseum Pütnitz** (🗺 C 7) findet man in drei riesigen Flugzeughallen vom Zweirad über den Trabbi bis zur Flugzeugtechnik alles, was in den ehemaligen Ostblockländern bewegt wurde. Selbst steuern darf man einen russischen Lastwagen, einen Geländewagen und einen 18 Meter langen Gelenkbus. Mitfahren ist möglich im 8-Rad-Gelände-LKW und militärischem Kettenfahrzeug. (Videos und Preise findet man auf der Website!) Die Ausstellungspräsentation ist etwas altbacken, aber der Platz hat was! Kiosk, Spielplatz für die Lütten vorhanden. Flugplatzallee, 18311 Ribnitz-Damgarten, OT Pütnitz, T 0170 223 58 50, www.technikmuse um-puetnitz.de, April/Okt. Sa, So 10–16, Mai/ Sept. Mi–So 10–16, Juni–Aug. Di–So 10–16 Uhr, 6, Kinder u. Jugendliche (7–16 J.) 3 €. Die am Eingang erworbenen Eintrittskarten werden an jedem Hallentor kontrolliert.

Tierparadies

Im 20 ha großen **Vogelpark Marlow** (🗺 Karte 2, G 4), 13 Kilometer südöstlich von Ribnitz-Damgarten, sind Vogelarten aus allen Erdteilen zu sehen – vom winzigen Zebrafinken bis zum afrikanischen Strauß aber auch Kängurus, Lemuren und Alpakas. Die Tiere leben in naturnah gestalteten Lebensräumen, einige der Anlagen sind begehbar. Am Eingang erhält man einen übersichtlichen Plan des weitläufigen Geländes. Bevor man losmarschiert, sollte man die Fütterungszeiten und Vorführungen studieren und seinen Rundgang danach einrichten (alle aktuellen Zeiten findet man auf der Website). Sehr nett ist die Fütterung der Pinguine (11.30 und 16 Uhr), die man auch beim Tauchen unter Wasser beobachten kann. Es gibt mehrere Selbstbedienungsrestaurant und Spielplätze. Ob sich Anreise und Eintritt lohnen? Ja, unbedingt! Tipp:

Vier originell und phantasievoll gestaltete Unterkünfte mitten im Vogelpark laden hier zum Übernachten ein.
Kölzower Chaussee 1, T 038221 265, www.vogelpark-marlow.de, Nov.–Mitte März tgl. 10–16 Uhr, Hauptsaison Erw. 13, Kinder 3–16 Schüler/Studenten 8 €, Nebensaison 8/5 €, in der Nebensaison keine Flugshows

Barth ⌂ J 4, Cityplan S. 104

Ob Vineta in der Vinetastadt Barth gelegen hat, ist nicht sicher. In jedem Falle aber blickt das beschauliche Städtchen am Barther Bodden auf eine bemerkenswert wechselhafte und wehrhafte Vergangenheit zurück. Ein hervorragender Blick auf den gut erhaltenen historischen Stadtkern bietet sich vom Turm der mittelalterlichen Backsteinkirche St. Marien.

Im Schutz der Wälle
Zum Schutz gegen Hochwasser ist die Altstadt weitgehend von Wällen umschlossen, die in der Vergangenheit zugleich Bestandteil der Stadtbefestigung waren. In die Stadt gelangte man über vier Tore. Das um 1350 erbaute **Dammtor** 1 ist das Wahrzeichen der Stadt. Auch der 12 m hohe **Fangelturm** 2 aus dem 16. Jahrhundert gehörte zu den Stadtwehranlagen, er diente als Gefängnis und Folterkeller. Heute laden die – 1786 erstmals mit Linden bepflanzten – Wälle (Stadt-, Bleicher-, Friedhofs-, Sport- und Langer Wall) zu Spaziergängen ohne Autoverkehr ein.

Vineta – echt jetzt?
Im heutigen Stadtgebiet von Barth lagen mindestens zwei bedeutende slawische Burgen. Als zwei Berliner Wissenschaftler Ende der 1990er Jahre fundiert und eloquent die sagenhafte, vom Meer verschlungene Stadt Vineta hier verorteten, nutzte der damalige Bürgermeister die Chance, den Namen Vineta (als Marke) zu sichern…. ein kleiner Geniestreich, der viele Besucher in die Vinetastadt und ins Vinetamuseum lockt. Nicht zuletzt aber

auch dank seiner attraktiven Lage und der umfassenden Sanierung des historischen Stadtkerns seit Anfang der 1990er Jahre hat sich Barth als Erholungs- und Urlaubsort etabliert.

St. Marien am Markt
Die von weitem sichtbare **St. Marien Kirche** 3 erhebt sich 85 m über dem Meeresspiegel. In dem zwischen 1250-1450 errichteten Bau der Backsteingotik erklingt zu Sommerkonzerten die Buchholz-Orgel mit 42 Original-Registern (von 1821). Die nördliche Seitenhalle beherbergt ein kleines Museum zur Kirchengeschichte. Attraktiv ist die Besteigung des Kirchturms (180 Stufen), inklusive Besichtigung der Kirchengewölbe und Glocken.
Papenstr. 7, www.ev-kirche-barth.de, Mai–Okt. Mo–Fr 10–18, Sa 10–17, So 11–13 (nach dem Gottesdienst), Nov.–April Mo–Fr 10–15 Uhr. Turmbesteigungen während der Kirchenöffnungszeiten bis 1/2 Stunde vor Schließung, Gottesdienste So 10 Uhr.

Vineta-Mythos
Das kleine regionalgeschichtliche **Vineta-Museum** 4 ist seit 1997 in einem Kaufmannshaus aus dem 18. Jahrhundert untergebracht, das von 1870 bis 1946 als städtisches Rathaus diente. Auf vier Etagen findet man heute regelmäßig wechselnde Ausstellungen zur Geschichte der kleinen Boddenstadt, seiner Bewohner und Gäste, deren Werke Spuren hinterlassen und überregionale Bedeutung erlangt haben. In der obersten Etage widmet sich das Museum dem Vineta-Mythos. Sehr interessant ist die Präsentation des Quellenmaterials, das begründet, warum das versunkene Vineta in Barth gelegen haben könnte.
Lange Straße 16, T 03823 817 71, www.vineta-museum.de, Mo–Fr 10–17, Sa/So 11–17 Uhr, 5 €

Hafenbummel
Zu DDR-Zeiten war in Barth einiges los, Industriebetriebe wie der VEB Schiffsanlagenbau Barth, die VEG Saatzucht Barth, das Betonwerk, die Brauerei, die Zuckerrübenfabrik, die Bootswerft

und die Fischfabrik boten Tausende von Arbeitsplätzen. Mit der Wende und dem Einbruch von Absatzmärkten – es bestand kaum noch Nachfrage nach regionalen Produkten – mussten viele Betriebe schließen. Zu Beginn der 1990er Jahre machte der **Barther Stadthafen** **5** einen trostlosen, verlassenen Eindruck. Seither hat sich viel getan. Die ehemalige Barther Fischkonservenfabrik am Osthafen wurde abgerissen. Aus einem ehemaligen Getreidespeicher am Hafen wurde ein Vier-Sterne-Hotel. In prominenter Lage liegt das moderne **Steuerhaus** **6** (mit Hafenmeisterbüro und Touristen-Information in der Saison). Eine attraktive Flaniermeile mit maritimer Gastronomie lädt zu einem Hafenbummel ein.

Bibelwelt Barth
Um 1310 wird vor den Toren der Stadt Barth erstmals ein Leprahospital erwähnt. Diese Art von ›Auffanglager‹ für Aussätzige, die Lepra und andere ansteckende und damals unheilbare Krankheiten hatten, gab es in allen größeren Städten. 1730 wurde das Kirchenschiff der zum Hospital gehörenden Kapelle Sankt Jürgen zu einem Armenhaus mit kleinen Zimmern umgebaut, der Altarraum blieb als sakraler Bereich erhalten. Seit 2001 beherbergt **St. Jürgen** die Ausstellung des **Niederdeutschen Bibelzentrums** **7**, wobei allein schon der mittelalterliche Kirchenraum mit seinen Wandmalereien und das zu Wohnkammern ausgebaute Kirchenschiff als historischer Ort einen Besuch lohnen.

Das Herzstück der Ausstellung ist die berühmte ›Barther Bibel‹, eine niederdeutsche Übertragung des Luthertextes, die in der 1588 gegründeten ›Förstliken Druckerye‹ entstand (die ehemalige Hofdruckerei wurde später Adeliges Fräuleinstift, das heute für Senioren zum betreuten Wohnen genutzt wird, Hunnenstr. 1).In dem kleinen, hübsch angelegten Bibelgarten wachsen über 1000 Pflanzen, deren Namen durch christliche bzw. biblische Ereignisse und Personen geprägt sind.

Sundische Straße 52, T 03823 17 76 62, www.bibelcentrum.de, Di–Sa 10–18, So 12–18, Feiertage 14–17 Uhr, 3,50 €, Führungen April–Okt. Do 15 Uhr

Vorhang auf
Aus dem ehemaligen Kulturhaus der Barther Zuckerfabrik ist das **Theater Boddenbühne** geworden **8**, eine Spielstätte der Vorpommerschen Landesbühne. Im einzigen festen Theater der Region treten auch Amateure auf. Mitte Juli bis Mitte August steht das feste Ensemble für die Klabautermanngeschichten (von 1999 bis 2004 Vinetafesttage) auf der großen Freilichtbühne am Hafen.

Trebin 35 a, T 03821 663 80, www.boddenbuehne.de

....

🏠 In fremden Betten

Himmlische Lage
Speicher Barth
Mit viel Liebe zum Detail entstand zwischen den Jahren 1995 und 1997 in einem ehemaligen Getreidespeicher ein 4 Sterne Hotel. Gelungen ist die kontrastreiche Kombination von modernem Design und historischen Bauelementen. Der Blick von den bodentiefen Fenstern der Suiten auf den Hafen ist genial. Kulinarische Genüsse und ebenfalls Blick auf den Hafen bietet das Restaurant im Wintergarten oder auf der Sommerterrasse.

Am Osthafen 2, T 038231 633 00, www.speicher-barth.de, DZ und Suiten 160–315 €

Blick über den Barther Bodden
Pension & Restaurant Sur la Mer **2**
Familiäre, sehr freundlich geführte Pension mit sieben geräumigen Zimmern. Auf der Speisekarte stehen Pasta, Burger, Fisch und Fleisch 9–22 €. Köstlich die selbst gebackenen Torten, im Sommer auf der Terrasse!

Am Westhafen 24, T 038231 775 36, www.sur-la-mer.net, DZ ab 100 €

Übernachtungstipp für Kranichfreunde
Naturcamp Pruchten
Familienfreundlicher Vier-Sterne-Cam-

Zur Ausstellung der Bibelwelt Barth gehört die berühmte »Barther Bibel«.

pingplatz wenige Kilometer nordwestlich von Barth (🗺 H 4). Im Frühling und Herbst ziehen morgens und abends die Kraniche vorbei. In unmittelbarer Nähe des Campingplatzes liegen (abgeerntete) Felder, auf denen sie sich schon mal niederlassen. Es gibt Ferienwohnungen, Mobilheime, Holzblockhütten, Zelt-, Wohnwagen- und Wohnmobilstellplätze (Preise auf der Website); außerdem: Minimarkt, Restaurant und Fahrradverleih.

Naturcamp Pruchten: Am Campingplatz 2, 18356 Pruchten, T 038231 20 45, www.naturcamp.de

....

🛍 Stöbern & entdecken

Unikate
Galerie Meeres-Rausch 🛈
Treibholz, Muscheln, Steine, Seegras, Bernstein – gesammelt am Meer (gerne am Darßer Weststrand) und zusammengefügt zu Collagen, Kerzenhaltern, Bilderrahmen, Skulpturen. Und wer vielleicht noch überlegen muss, ob er kauft oder nicht, kann sich zwischendurch nebenan einen köstlichen Bio-Imbiss genehmigen.

Am Westhafen 16, T 0173 378 27 55, www.meeres-rausch.de, In der Saison Mo–Fr 11–17, Sa 11–15 Uhr

Feine Kost
Bio.Delikates 🛈
Das volle Sortiment: Obst, Gemüse, Wurst und Käse, Brot, Wein und Antipasti. Im BioBistro werden frische Salate, Antipasti, Gebäck, Kuchen und ein wechselnder Mittagstisch angeboten.

Westhafen 18, Mo–Fr 9–18, Sa 10–14 Uhr, Mittagstisch Mo–Fr 11.30–14 Uhr, um 6,50 € (Sa keine Bistrobetrieb), www.biodelikates.de

....

INFOS

....

Barth Information: Am Markt 3/4, 18231 Barth, T 038231 24 64, www.stadt-barth.de, Mo–Fr 10–13, 14–17 Uhr. Ab April befindet sich eine Zweigstelle der Tourist-Information im Steuerhaus direkt am Hafen.
Fährverkehr Barth-Zingst: ab Stadthafen, April–Okt. mit MS Vorpommern und MS Likedeeler, 6–8 x tgl., Fahrräder können mitgenommen werden, www.reederei-poschke.de.

14

Wo die Kraniche futtern – **beim Kranorama**

Überall rechts und links der boddennahen Landstraßen zwischen Bodstedt und Stralsund sieht man sie im Herbst auf abgeernteten Feldern stehen. Bis etwa Ende Oktober stärken sich die majestätischen Tiere für den Weiterflug in die südlichen Winterquartiere. Um Konflikte mit den Landwirten zu reduzieren, wird zusätzlich Futter ausgestreut. Ein Eldorado für Tierfotografen.

Anpirschen mit der Kamera bringt nichts. Kraniche sind scheu, schon bei einer Annäherung auf 300 Meter fliegen die grauen Majestäten auf und davon. Im Auto kommt man näher heran. Am besten am Straßenrand parken, das Fenster herunterkurbeln und nicht aussteigen. Auf grellhelle Kleidung sollten Sie in jedem Fall verzichten.

Kraniche beobachten, nicht stören

Kurz vor Günz liegt die Beobachtungsstation **Kranorama** 1 Schon der Weg vom Parkplatz bietet Infotafeln mit faszinierenden Naturaufnahmen. Ein neugieriger erster Blick aus den weiten Fensterluken des Kranoramas über die Günzer Seewiesen. Ein Wiesenstück ist abgemäht, Futter ausgestreut, der Tisch ist gedeckt.

An der Zarrenzinrinne: Ob die Kraniche auf dem Weg zu ihren Schlafplätzen hier vorbeikommen, ist nicht sicher.

Beste Aussichten

Ein Ranger steht Rede und Antwort zu Flugrou-
ten, Winterquartieren, Brutverhalten und Be-
sonderheiten der silbergrauen Schönheiten mit
Flügelspannweiten über 2 Meter. Wussten Sie,
dass die Kraniche **Allesfresser** sind und wie die
Reiher und Störche zu den Schreitvögeln zählen.
Dass sie in Dauerehe leben und sich zu gleichen
Teilen um den Nachwuchs kümmern? Dass sie in
Gefangenschaft ein Alter von bis zu 40 Jahren
erreichen, ihre Lebenserwartung in freier Wild-
bahn aber weit geringer ist, höchstens 25 Jahre?
Stundenlang könnte man zuhören und gucken.
Ein Reh spaziert zwischen den ruhig äsenden Kranichen. Beeindruckend und gut zu erkennen mit
bloßem Auge, eine Sensation aber wird es, wenn
man durch eines der aufgestellten Ferngläser
guckt. Unruhe unter den Kranichen, Aufregung
auch unter den Fotografen, sie rücken ihre (Pa-
parazzi)-Objektive zurecht. Ein Adler im Anflug?

Kranich-Utkiek Bisdorf
3: Von der Hütte blickt
man in Richtung Wind-
watt und Bock, grandios
zum Einflug der Kraniche
am Abend, ebenso am
Morgen, wenn sie ihre
Schlafplätze wieder
verlassen.

INFOS/ÖFFNUNGSZEITEN

Kranorama **1**: südwestlich von Günz,
im Frühjahr und Herbst tgl. geöffnet.
Für private Besucher ist der Besuch frei.
Ambitionierte Naturfotografen (Stativ,
Brennweite ab 300 mm) beteiligen
sich (im März, Sept., Okt.) an den
Kranich-Fütterungskosten mit je 5 € pro
Besuch, www.kraniche.de.
Kranich-Informationszentrum
2: Eine Ausstellung, ein Film und
engagierte Mitarbeiter informieren über
die Vögel des Glücks. Hier erhalten
Sie auch Informationen zum aktuellen
Zuggeschehen der Kraniche und Tipps
zu den besten Beobachtungsplätzen
von Kranichen, angeboten werden auch
zahlreiche Kranich-Exkursionen.
Lindenstr. 27, 18445 Groß Mohrdorf,
T 038323 805 40, www.kraniche.de,
März – Mai tgl. 10–16, Juni, Juli, Nov.
Mo – Fr 10–16, Aug. tgl. 10–16.30,
Sept. und Okt. tgl. 9.30–17.30 Uhr,
Spende willkommen.

Fotoverleih Zingst: Vermietet werden
Objektive, Stative, Ferngläser, Fotota-
schen und Zubehö. Nutzerfreundlich:
das Kranich- oder Landschaftspaket.
Info Max Hünten Haus in Zingst, www.
erlebniswelt-fotografie-zingst.de.

Faltplan: M 4

BARTH

Insel Hiddensee: ab Barth, Mitte Juni-Mitte Sept. www.reederei-poschke.de

....

TERMINE

Segel- und Hafentage: 4 Tage Ende Juli/ Anf. Aug., Segelregatten, Traditions-schiffe (mitsegeln möglich!), Drachen-bootrennen, Kunsthandwerkermarkt, Livemusik ...

Barther Metal Open Air: im Aug. Seit 1999 durchgeführtes Heavy-Metal-Festi-val. Das Festivalgelände liegt südlich des Zentrums und ist nur 5 Min. Fußweg vom Bahnhof entfernt, Wochenendkar-ten 25 €, Info: www.barther-me tal-openair.de.

IN DER UMGEBUNG

Gartenpracht

Das etwa 15 Kilometer südlich von Barth gelegene Dorf **Starkow** (📖 J 7) lohnt einen Ausflug. Die Backsteinkirche stammt aus dem 13./14. Jahrhundert, das sehenswerte Ensemble mit Pfarrhaus, Schul- und Küsterhaus, Pfarrscheune, Predigerwitwenhaus entstand im 18. Jahrhundert. Frei zugänglich ist der bildhübsche Pfarrgarten mit (barockem) Ziergarten, Nutzgarten, Streuobstwiese. Ein Verein kümmert sich um Obstbäume, Rosen und ein altes Bienenhaus, in der alten Pfarrscheune wird Kaffee und frisch gebackener Kuchen angeboten.
Grafensteig 5, 18469 Starkow, T 038234 79 68, www.backstein-geist-garten.de, Café: Ostern bis Ende Okt., Sa/So 13–18 Uhr

Übernachten in Starkow

Wem es in Starkow gefällt, der kann sich wunderbar einquartieren: Die zwei Ferienwohnungen tragen die Namen **Apfelgarten, Birnengarten**, T 038324 656 92 und T 0176 51 46 16 43, www.starkow.net/uebernachten.html.

Abstecher nach Stralsund

Stralsund (📖 O/P 5/6) ist eine faszinierend facettenreiche Stadt - urban und jung, zugleich alt und ehrwürdig. Am 31. Okt. 1234 verlieh Fürst Wizlaw von Rügen der kleinen Ortschaft am Strelasund das lübsche Stadtrecht. Mit dem Beitritt zum Bund der Hanse im Jahre 1293 war dann der Grundstein für die Entwicklung zu einer der einflussreichsten Handelsstädte im südlichen Ostseeraum gelegt. Seit 2002 gehört sie dank ihrer prachtvollen Architektur im Stil Backsteingotik zum **UNESCO-Weltkulturerbe**. Einen Stadtbummel beginnt man am besten im Herzen der Stadt: Am **Alten Markt** erhebt sich die mächtige (1276 erstmals erwähnte) **Nikolaikirche**. Das Innere erstrahlt in einer unglaublichen Farbigkeit und birgt eine überwältigende Fülle an sakralen Kunstschätzen. Auch das **Rathaus** mit seiner von sechs Dreiecksgiebeln gekrönten Fassade und das prachtvolle Wulflamhaus aus dem 14. Jh. künden von der Macht und dem Reichtum vergangener Tage. Fünf Spazierminuten südlich des Marktes liegt das Mitte des 13. Jh. gegründete **Kloster St. Katharinen**. Es beherbergt zwei über die Landesgrenzen hinaus bekannte Museen: Das **Stralsund Museum** zeigt den berühmten Goldschmuck von Hiddensee - ein herausragendes Beispiel wikingischer Goldschmiedekunst (Di–So 10–17 Uhr, 6 €). Nebenan das **Meeresmuseum**, das allein schon wegen der gelungenen Verbindung von mittelalterlicher Architektur und moderner Ausstellung eine Besichtigung lohnt (www.meeresmuseum.de, tgl. 10–17 Uhr, im Winter Mo geschl., 10 €) Drei Brücken führen auf die **Hafeninsel** östlich des Alten Marktes - wunderbar zum Flanieren, Schiffe gucken, hier gibt es auch leckere Fischbrötchen vom Fischkutter! Der größte Besuchermagnet aber ist das **Ozeaneum**, dessen moderne Architektur mit großen Glasfronten und fensterlosen Betonflächen einen bemerkenswerten Kontrast zu den alten backsteinernen Speichern bildet. Über eine lange, schwebende Rolltreppe gelangt man in die Welt der nördlichen Meere, grandios! (www.ozeaneum.de). Tourismuszentrale: Alter Markt 9, T 03831 246 90, www.stralsundtourismus.de. Mai–Okt. Stadtführungen tgl. um 11 Uhr, mit Stralsunder Originalen tgl. 14 Uhr.

Die moderne Fassade des Ozeaneums

Aussichtsreich – **am Barhöfter Steilufer**

Am nördlichsten Festlandskopf der deutschen Ostseeküste liegt der Hafen von Barhöft. Durch Zufall kommt man nicht hierher, man muss es schon wollen. Man entdeckt ein zauberhaftes Stück Nationalpark Vorpommersche Boddenlandschaft, das zu keiner Zeit überlaufen ist.

Chillen an der Zarrenzinrinne, würde wohl jeder gern!

Vom Hafen hat man einen guten Blick über das ausgedehnte Windwatt (den sogenannten **Vierendehlgrund**). Dort halten sich häufig Adler auf: Bei hohem Wasserstand sitzen sie auf Seezeichen, ansonsten auf den trocken gefallenen Wattflächen.

Das Auto bleibt auf dem (gebührenpflichtigen) Parkplatz am Ortseingang der ehemaligen Lotsensiedlung stehen, von hier sind es noch gut fünf Minuten zum Hafen. Die Straße passiert wenig attraktive frühere Kasernen und Neubaublocks. Umso erfreulicher dann der Anblick des **Barhöfter Hafens** `1`: Nicht selten liegt hier ein Lotsenboot vor Anker. Lotsen gründeten den Orte und noch immer lotsen sie die Schiffe nach Stralsund und wieder zurück in die Ostsee. Ganzjährig liegen auch ein bis zwei Fischkutter im Hafen, in der Saison kommen noch einige dazu. (Tipp: in der Regel laufen sie zwischen 11–15 Uhr wieder ein, dann gibt's Fisch frisch vom Kutter zu kaufen!). Im Sommerhalbjahr stechen von hier aus auch kleine Ausflugsschiffe und Segeljollen in See. Ein kleiner Badestrand, ein Café, ein Restaurant und Schiffer, die Angler mit hinaus nehmen.

Ein Kliff, das kein Kliff mehr ist

Der Blick schweift hinüber zum bewaldeten Bock. Die Insel ist jung: Um 1900 wurde die Vierendehl-Rinne ausgebaggert, um die Zufahrt nach Stralsund zu erleichtern. Zur Festigung der aufgespülten Sandbank wurden dort zwischen 1906–1944 über 5 Mio. Quadratmeter Sand abgelagert und Bäume angepflanzt. Im Windschatten der heranwachsenden Sandinsel kam das **Barhöfter Kliff** westlich der Ortschaft zur Ruhe. Erste zarte Pflanzen siedelten sich an, heute ist das Kliff eine dicht bewaldete Wildnis.

Das Haus am Kliff

Auf schattigem Waldweg wandert man vom Hafen zur 2015 neu eröffneten **Haus am Kliff** `2`. Die

Nationalpark-Ausstellung informiert über die besonderen Landschaftsformen – Kliff, Windwatt, Ostsee, Bodden – Dioramen zeigen Pflanzen und Vögeln der Küste. Vom **Aussichtsturm** `3` gleich nebenan – 1986 von der Grenzbrigade Küste als Nachfolger des 1963 gebauten Beobachtungsturms in Auftrag gegeben – bietet sich eine fantastische Aussicht über die Insel Bock hinaus auf die Ostsee, hinüber zum Hochland von Hiddensee bis nach Rügen und zum Strelasund.

Utkiek in den Salzwiesen

Wieder auf dem Hauptweg, wendet man sich nach links, um auf angenehmem Waldweg nach Zarrenzin weiterzuwandern. Gesäumt von Buchenwald zur Linken, Schlehen, Wildrosen (schöne Hagebutten im Herbst!), Wollgraswiesen und Schilffelder zur Rechten. Wem der Turm zu luftig war, kann den Ausblick von einem **Vogel-Utkiek** `4` im Schilfgürtel genießen. Ein Segler gleitet vorbei. Der Wanderweg endet – nein nicht in einem Dorf, sondern auf einem großen, fast immer leeren Parkplatz. Das 1296 erwähnte Dorf Zarrenzin ist verschwunden. Wohin und wann?

Ein schmaler Pfad führt Sie zu einer weiteren **Aussichtsplattform** `5` in den Salzwiesen. Zur Kranichzeit wimmelt es auf der leicht erhöhten Plattform von Fotografen und Vogelfreunden. Den langen Rest des Jahres ist man hier fast immer allein und genießt den Blick über die Zarrenzinrinne auf das Kleine Werder bis nach Zingst. Der letzte freie Zugang zur Ostsee.

INFOS/ÖFFNUNGSZEITEN
Wanderweg: Länge 5,8 km, ca. 2 Std. **Aussichtsturm:** tgl. von 6–22 Uhr per Drehkreuzeinlass zugänglich, 1-€-Münze erforderlich **Tipp:** Auf drei Seiten von Wald umgeben ist der **Caravanstellplatz** mit maximal 24 Standplätzen, 350 m vom Hafen, kleines Sanitärgebäude, 12 €/Nacht, T 038323 531, www.hafen-barhoeft.de **Geführte Angeltouren:** www.boddenabenteuer.de

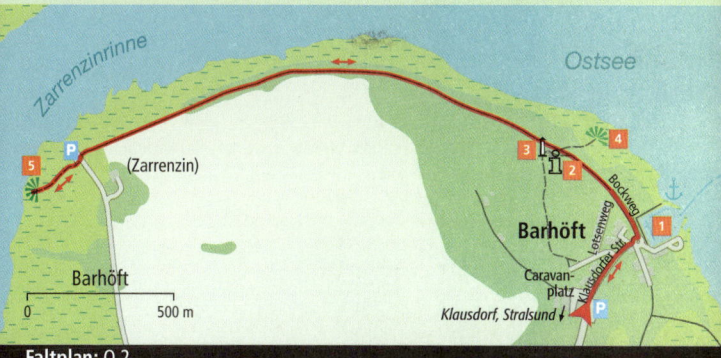

Faltplan: O 2

107

Hin & weg

Mit dem Auto
Viele Wege führen auf den Darß. Solange man sich noch auf dem Festland befindet, hat man die Wahl zwischen mehreren Routen. Über die Halbinselkette selbst führt dann nur eine Straße, die L21, auch Bäderstraße genannt.
Klassische An- und Abfahrtsroute:
Von Westen (Hamburg/Lübeck/Wismar) geht die Fahrt auf der A20 bis zum Autobahnkreuz Rostock. Von Berlin aus erreicht man dieses über die A 24 und A19. Vom Autobahnkreuz geht es auf der A19 bis zur Abfahrt (6) Rostock-Ost, ab hier folgt man der B105 in Richtung Stralsund bis zur Abfahrt Altheide (5 km vor Ribnitz-Damgarten) in Richtung Fischland. Der Reiseverkehr in der Hochsaison führt vor allem am Wochenende und Feiertagen zu Staus. Dann empfiehlt es sich, vom Kreuz Rostock auf der A20 weiterzufahren und die Ausfahrt (18) Sanitz zu nehmen und der B110 Richtung Ribnitz-Damgarten zu folgen.
Aus Richtung Osten folgt man der B 105 (von Stralsund) Richtung Rostock

– Abfahrt in Löbnitz nach Barth und über die Meiningenbrücke in Richtung Zingst/Prerow. Diese Strecke ist insgesamt weniger befahren. Allerdings sind hier die Öffnungszeiten der Meiningenbrücke zwischen der Halbinsel und dem Festland zu beachten. Sie wird bei Bedarf für max. 15 Min. geöffnet, um den Schiffsverkehr passieren zu lassen.
Brückenöffnungszeiten: Anfang April bis Mitte Sept. tgl. um 7.45, 9.45, 17.45 und 20 Uhr, Mitte Sept bis Ende Okt. tgl. 9.45 und 17.45 Uhr, Rest des Jahres nur 1bis 2x pro Woche und keine Öffnungen an gesetzlichen Feiertagen, Info: wsa-stralsund.de/Service/brueckenoeffnungszeiten/.

Mit Bahn und Bus
Über Rostock oder Stralsund erreicht man Ribnitz-Damgarten (West) und bis Ende 2017 auch Barth. Bahnreisende müssen hier aussteigen: die Halbinsel Fischland-Darß-Zingst hat keine Bahnverbindung. Weiter geht es mit dem Bus. Die Buslinie 210 (Ribnitz-Damgarten-Born-Barth) fährt sämtliche Orte auf Fischland-Darß-Zingst an (in der Saison etwa stündlich zwischen 6

MEININGENBRÜCKE UND DARSS-BAHN

1910 rollten die ersten Züge über den Meiningenstrom: von Barth über Zingst nach Prerow. Ein Segen für die Entwicklung des Badetourismus. Nach dem Zweiten Weltkrieg wurden die Bahngleise als Reparationsleistung abgebaut, seither dient die stählerne Drehbrücke nur noch als (einspurige) Straßenbrücke, die für Schiffspassagen zu festen Zeiten geöffnet wird. Als sie dem wachsenden Verkehrsaufkommen nicht mehr gerecht werden konnte, entstand Ende der 1980er Jahre parallel zu ihr eine Pontonbrücke. Eine neue kombinierte Straßen- und Eisenbahnbrücke ist im Rahmen des geplanten Wiederaufbaus der Darß-Bahn im Gespräch. Eine schwierige Wiederbelebung: 2016 hat das Land Mecklenburg-Vorpommern Klage gegen die bereits beschlossene Weiterführung der Bahn von Barth bis nach Zingst eingereicht. Einer der Streitgründe ist die Übernahme der Kosten für drei Bahnübergänge. Zudem müsste nach wie vor noch geklärt werden, wer Eigentümer der Meiningenbrücke ist: das Land oder die Deutsche Bahn? Ein weiteres Problem: Die Bahnstrecke von Velgast bis Barth soll nach einer Entscheidung des Landes in naher Zukunft wegen zu geringer Fahrgastzahlen eingestellt werden.

und 20 Uhr, Sa und So im 2-Stunden-takt, im Winter seltener). Info: www.nvp-bus.de.

Im Internet kann man auf www.bahn.de den gewünschten Zielort eingeben, auch wenn dieser keinen Bahnanschluss hat. Die passende Busverbindung wird angezeigt.

Mit dem Fernbus

In der Saison (März–Okt.) gibt es direkte Busverbindungen aus ganz Deutschland auf die Halbinsel. Mehr-mals pro Woche ist der Berlinlinienbus unterwegs, Info: T 030 338 44 80, www.berlinlinienbus.de. Die UBB-Fern-buslinie fährt von Berlin und Hamburg zum Fischland/Darß, Info: T 038378 27 15 55, www.ubb-online.com.

Mit dem Flugzeug

Der Flughafen Rostock-Laage verfügt ganzjährig über Linienverbindungen von und nach Stuttgart und München, via Bustransfer (sollte vorher angemeldet werden) geht es weiter direkt auf den Darß, Info: www.rostock-airport.de.

Mit dem Schiff

Verschiedene Reedereien bieten von den Festlandhäfen Ribnitz-Damgarten, Barth und Stralsund in der Saison (ab Ostern bis Ende Oktober) Linienfahr-ten (inkl. Fahrradtransport) über den Bodden an. Die Anreise mit dem Schiff ist großartig und etwas Besonders! Eine Übersicht über Linien- und Rundfahrten bietet www.fahrgastschifffahrt-fischland-darss-zingst.de.

···

FESTE/TRADITIONELLE TERMINE

···

Zeesbootregatten und Tonnenfeste zählen zu den Veranstaltungshöhepunk-ten auf der Halbinsel. Gäste sind will-kommen. Haben Sie Lust? Die Termine stehen schon fest:

Zeesbootregatten

Juni: 3. Sa Zingster Zeesboot- und Netzbootregatta

Juli: 1. Sa Wustrower Zeesbootregatta, 3. Sa Dierhäger Zeesbootregatta,

letzter Samstag Kleine Fischländer Wettfahrt/Wustrow

September: 1. Sa Große Bodsted-ter Zeesbootregatta, 3. Sa Althäger Fischerregatta

Tonnenabschlagen

Februar: 3. Sa, Fastnachtstonnenab-schlagen in Born

Juni: 3. Sa Barth, 4. So Wieck

Juli: 2. So Wustrow, 3.So Ahrenshoop. 4. Sa Klockenhagen, 4. So Prerow

August: 1. So Born, 2. Sa Dierhagen (Flutlicht-Tonnenabschlagen)

···

INFORMATIONSQUELLEN

···

Tourismusverband Mecklen-burg-Vorpommern: Konrad-Zuse-Str. 2, 18057 Rostock, T 0381 403 05 50, www.auf-nach-mv.de

Tourismusverband Fisch-land-Darß-Zingst: Barther Str. 16, 18314 Löbnitz, T 038324 64 00, www.fischland-darss-zingst.de

Alle größeren Orte besitzen eine Touris-ten-Information oder eine Kurverwaltung, die gegen eine freiwillige Portogebühr kostenloses Informationsmaterial verschicken, ein Großteil des Materials gibt es auch im Internet als Download. Die Touristen-Informationen vor Ort sind ganzjährig Mo–Fr, in der Saison auch Sa und So geöffnet, die Adressen sind im jeweiligen Kapitel des Reiseteils vermerkt.

···

KINDER

···

Strand, Sonne und Meer – die besten Zutaten für einen Urlaub mit Kindern. Dazu eine überwältigende Fülle an Veranstaltungen speziell für Kinder und grandiose Ausflugsmöglichkeiten, hier eine Auswahl:

Born: Erlebnishof Gut Darß. Kletterwald, Minigolf-Anlage, Kinderspielplatz, Strei-chelgehege, www.gut-darss.de

Prerow: Natureum und Leuchtturm Darßer Ort. Zugänglich nur zu Fuß, per Fahrrad oder Kutsche, tolle Aussicht, schö-ne Ausstellung, super Strand.

Zingst: Experimentarium. Spannende Experimente, Theater Veranstaltungen selber werkeln, Erlebnisspielplatz, Info: www.experimentarium-zingst.de

Ribnitz-Damgarten: Deutsches Bernsteinmuseum. Faszinierende Sammlung, umfangreiches Programm für Familien, Bernsteinschleifen, Experimente, Urzeitinsekten aus Papier basteln, www.deutsches-bernsteinmuseum.de.

Ribnitz-Damgarten: Boddentherme – Baden bei jedem Wetter, mit Sportbecken, Wellenbecken, Babybecken, Wasserrutsche, www.bodden-therme.de

Klockenhagen: Freilichtmuseum Klockenhagen – interessant: das Leben, wie es früher war, viele Mitmachangebote wie Brotbacken, Korb flechten, einfache Holzspielzeuge aus Holz bauen, www.freilichtmuseum-klockenhagen.de.

Körkwitz: Wasserskianlage und Wassertrampolin. Ein schöner Ort für die ganze Familie, Wakeboarden, Wasserski, leckere Burger, www.koerks.de

Marlow Vogelpark: Ein lohnendes Ausflugsziel auch von weiter her: sehr schöner Rundgang, in der Saison tgl. Flugshow mit Greifvögeln und Eulen, tgl. Tiershow mit Papagei, Pelikan, Schaufütterungen, u.a. Pinguine, Lemuren, Weißstörche, dazu tolle Spielplätze und Übernachtungsmöglichkeiten, www.vogelpark-marlow.de

Rövershagen: Karls Erlebnis-Dorf. Ein Tipp für die Anreise, Karls Erdbeerhof liegt direkt an der B105. Wer von Westen anreist, kommt hier vorbei. Grandiose Spiel- Kletter- und Rutschmöglichkeiten, ein Großteil sogar kostenlos, verschiedene Manufakturen (auch Bonbons), Essen für jeden Geschmack, www.karls.de.

Stralsund: Ozeaneum. Er gehört zu einem Urlaub einfach dazu, schon wegen der faszinierenden Aquarien. Publikumslieblinge sind die Humboldt-Pinguine auf der Dachterrasse gleich neben dem Meer für Kinder, vielseitiges Familienprogramm in den Sommerferien, www.ozeaneum.de.

GEFAHREN AN STEILKÜSTEN

An den aktiven Steilküstenabschnitten – Hohes Ufer zwischen Wustrow und Ahrenshoop sowie am Darßer Weststrand – besteht infolge des ständigen Küstenrückgangs die Gefahr von Kliffabbrüchen und Hangrutschungen. Bei Sturmfluten kann es zur Unterspülung des Hangfußes kommen. Vorsicht! Überhänge an der Kliffkante sind von oben nicht einsehbar! Auch lange Perioden mit Starkregen, Frost-Tau-Wechseln sowie rasche Schneeschmelze führen zur Instabilität des Kliffs. An unterspülten Kliffs mit Brandungshöhlen ist immer mit Abbrüchen und Rutschungen zu rechnen! Warn- und Hinweisschilder verweisen auf die aktuelle Gefahr, Wanderwege werden gesperrt oder verlegt.
Wo kann man sich informieren? Das Bundesamt für Seeschifffahrt und Hydrographie warnt vor Sturmfluten (www.bsh.de). Bei Sturm und Hochwasser sollte man Spaziergänge an den Steilküsten vermeiden. Der Geologische Dienst führt ein Geo-Gefahrenkataster und benennt das Gefahrenpotenzial einzelner Steilküstenabschnitte (www.lung.mv-regierung.de).

KLIMA UND REISEZEIT

Das milde Reizklima an der Ostseeküste ist mit einer jodhaltigen Luft und vor allem am Wasser intensiven Sonneneinstrahlung gesundheitsfördernd. Eine frische Brise ist charakteristisch für das Küstenwetter. Sie reißt die Wolkendecke auf und sorgt für häufige Wetterwechsel. Ein Tag kann trübe beginnen und strahlend enden. Es gibt selten mehrere Regentage hintereinander. Das Meer speichert die Kälte des Winters, darum kommt der Frühling später, es speichert aber auch die Wärme des Sommers, weshalb der Herbst oft wunderbar milde Tage bietet. Im Vergleich zum Landesinnern

sind die Frühlings- und Sommertempe-
raturen niedriger und die Herbst- und
Wintertemperaturen höher.
Die beliebteste Reisezeit liegt in
den Bademonaten Juli und August.
Das Strandleben pulsiert, Surfer und
Segler tummeln sich auf dem Wasser,
an Schönwetterwochenenden kommt
es auf dem Weg an die Küste leicht
zum Stau. Im August hat die Ostsee
ihre höchste Durchschnittstemperatur
(etwa 18° C) erreicht, in den geschützten Badebuchten am Boddenufer
steigt die Wassertemperatur in schönen Sommern auf über 20 °C.
Ein hinreißend schöner Reisemonat
ist der September, wenn das Meer
noch warm genug zum Baden ist, der
Hauptschwung der Gäste aber schon
wieder nach Hause gereist ist. Gegen
Ende des Monats fliegen dafür dann
die ersten Kraniche ein.
Im Oktober wechseln sich windstille
sonnige Tage mit Sturmtagen ab. Im
Darßwald verfärbt sich das Laub. Oran-
gefarbene Sanddornbeeren leuchten
an silbernen Sträuchern und werden
zu Köstlichkeiten wie Marmelade, Likör
oder Saft verarbeitet. Zehntausende
von Kranichen rasten mehrere Wochen
im Nationalpark Vorpommersche
Boddenlandschaft.
Vogelfreunden, die sich nicht an die
Ferienzeiten halten müssen, empfehlen
sich auch die Frühlingsmonate März
und April. Für Radtouren an der Küste
ist die Zeit der Rapsblüte zwischen
Mai und Juni am schönsten.
Im Winter kann es an der Küste frostig
werden – selten einmal aber schieben
sich die Eisschollen übereinander.
In dieser Jahreszeit (ausgenommen
Weihnachten und Silvester) sind viele
Betriebe geschlossen, die meisten
Öffnungszeiten sind dann ebenfalls
reduziert. Und das hat natürlich auch
seine Vorteile: Die Bettenpreise sinken
vielerorts bis um die Hälfte, in den
Gaststuben dampfen die Groggglä-
ser (sehr lecker ist auch der heiße
Sanddornsaft), die Einheimischen
haben weniger zu tun und viel Zeit
zum Klönen.

NATIONALPARK VORPOMMERSCHE BODDENLANDSCHAFT

Der mit einer Fläche von 805 Qua-
dratkilometern größte Nationalpark
an der deutschen Ostseeküste (und
drittgrößte seiner Art in Deutschland)
erstreckt sich von den Halbinseln Darß
und Zingst über Hiddensee bis zur
Westküste Rügens. Die Verwaltung
des Nationalparkamtes Vorpommern
befindet sich im Darßwald: Natio-
nalparkamt Vorpommern: im Forst 5,
18375 Born, T 038234 50 20, www.
nationalpark-vorpommersche-bodden-
landschaft.de.

**Den Nationalpark erleben statt
stören**
Nationalparks sind großflächige
Gebiete mit besonders wertvoller,
ursprünglicher Naturlandschaft,
die in großen Teilen vom Menschen
nicht oder wenig beeinflusst sind. In
Nationalparks darf sich die Natur frei
entfalten und nach eigenen Gesetzen
entwickeln.
Um die Flora und Fauna zu schützen,
dürfen einige Bereiche nicht betreten
oder befahren werden.
Ohne die absolute Störungsfreiheit
wäre die Erhaltung der großen
Vogelrastplätze nicht möglich. Man
sollte nur die ausgewiesenen Rad- und
markierten Wanderwege nutzen. Hun-
de sind immer und überall anzuleinen.
Nehmen Sie Ihre Abfälle wieder mit.
Zelten/Übernachten ist im Nationalpark nicht gestattet.
Informationen vor Ort bieten die
Informationsausstellung des Nati-
onalparkes (Darßer Arche in Wieck,
Informationsausstellung Sundische
Wiese) sowie die Nationalparkwächter
(Ranger) im Gelände.
Sehr empfehlenswert sind die im
Nationalpark angebotenen Führungen
(kostenlos, Spenden für den National-
park sind willkommen), eine übersicht-
liche und aktuelle Liste der Touren und
Termine findet man auf der Webseite
des Nationalparks (siehe oben).

BELIEBTE MÄRKTE

Wenn die Tage wieder länger und wärmer werden, beginnt die **Marktsaison** (Mai–September). Auf den Märkten findet man alle regionalen Produkte und viele Spezialitäten aus biologischer Herstellung. Unbedingt vorbeischauen! Beliebte Märkte, chronologisch sortiert nach den Wochentagen:
Markt im Garten des Kulturkaten Kiek In in Prerow, Mo 9–13 Uhr
Räuchertag auf dem Museumshof Zingst, Mo 11–13 Uhr
Hafen Dierhagen, Di 9–13 Uhr
Vor der Darßer Arche in Wieck, Mi 9–13 Uhr
Parkplatz Edeka in Ahrenshoop, Do ab 9 Uhr
Museumshof Zingst, Do 10–14 Uhr.
Hafen Dierhagen, Fr 9–13 Uhr
Vor der Darßer Arche in Wieck, Sa 9–13 Uhr

REISEN MIT HANDICAP

Infos: www.barrierefrei.m-vp.de.
Tourismusverband: Nützliche Informationen auf der Website mit Tipps und Adressen zu barrierefreien Übernachtungen, Strandzugängen, Wanderwegen und Ausstellungsorten.
http://www.fischland-darss-zingst.de/uebernachtungen/urlaub-fuer/barrierefreier-urlaub/

SICHERHEIT UND NOTFÄLLE

Rettungsdienst/Feuerwehr: T 112
Polizei: T 110
Ärztlicher Bereitschaftsdienst: T 116 117
Krankenhaus: Bodden-Kliniken Ribnitz-Damgarten: T 03821 7000
Pannenhilfe: ADAC T 01802 22 22 22
Kredit-, Bank- und Handysimkarten-Sperrnotruf: T 116 116
Botschaft Österreich: T 030 202870
Botschaft Schweiz: T 030 3904000

SPORT & AKTIVITÄTEN

Angeln
Wer in den Küstengewässern (einschließlich Bodden) angeln möchte, benötigt neben dem Fischereischein eine Angelerlaubnis. Es gibt keine freien Angelgewässer in Mecklenburg-Vorpommern! Touristen können einen Touristenfischereischein erwerben (das kostet 24 €, gültig für 28 Tage, aber verlängerbar). Genaue Auskünfte erhält man in den Kurverwaltungen und Tourist-Informationen vor Ort, im Internet unter www.lallf.de. Die Angelerlaubnis für Küstengewässer des Landes M-V kann man auch online erwerben und ausdrucken: https://erlaubnis.angeln-mv.de.
Was man fängt? In der Ostsee sind das vor allem Dorsch, Hering, Flunder, Meerforelle und Hornhecht. (Was viele nicht wissen: von den Seebrücken ist das Angeln nachts von 22 Uhr bis 6 Uhr morgens erlaubt!) Im Bodden fischt man hauptsächlich Zander, Hecht, Barsch, Weißfische und manchmal Aal. Am besten vom Boot aus, weil man wegen des breiten Schilfgürtels an vielen Stellen vom Ufer aus nicht ans Wasser herankommt.

Wassersport
Baden, Surfen, Kiten, Stand Up Paddling, Segeln und Paddeln: Für Wassersport ist die Halbinsel eine großartige Adresse, denn Ostsee und Bodden sind zwei ganz unterschiedliche Gewässer.
Baden: Am Bodden liegen kleine verschwiegene Badebuchten, an den offiziellen Badeplätzen hängt ein Rettungsring, Rettungsschwimmer sind nicht vor Ort. Von der DLRG bewacht sind dagegen die Badestrände am Ostseestrand – vom Strandkorb bis zum Imbiss und Rettungsteam ist hier alles vorhanden. Eine rot-gelbe Flagge am Mast der Wachstation bedeutet, dass die Station besetzt ist. Eine zusätzliche gelbe Flagge signalisiert ein Badeverbot für ungeübte Schwimmer und Kinder, eine einzelne rote Flagge generelles

Badeverbot. Bei starkem Wind und hohem Wellengang sollte man auf das Schwimmen verzichten.

Segeln und Surfen: Die geschützten Boddengewässer bieten ideale Bedingungen für Anfänger. Das Wasser ist relativ flach, der Wellengang sanfter als in der Ostsee. Gut ausgestattete Segel- und Surfschulen gibt es in Wustrow (mit Caravanstellplatz und Beachbar) und Zingst (mit Wohnmobilstellplatz und Lala Surf Bar).

Radfahren und Wandern: Die beste Art, die Schönheiten der Halbinsel zu entdecken, ist mit dem Rad oder zu Fuß jenseits der befahrenen Autostraßen. Fahrradverleihe und Tourist-Informationen bieten Routenempfehlungen und Radwanderkarten an. Besonders empfehlenswert: der Fischland-Darß-Zingst-Streckenabschnitt des Ostseeküsten-Radwegs, der auf einer Länge von 400 Kilometer zwischen Lübeck/Travemünde und Ahlbeck auf Usedom dem Küstenverlauf folgt. Weiß-Blau-Weiß markiert ist der Ostseeküstenwanderweg E9. Etappen sind: Graal-Müritz, Dierhagen, Wustrow, das Hochufer des Fischlandes, Ahrenshoop, der Darßwald, Prerow, Zingst und Barth. Stille Winkel und Buchten genießen Radfahrer und Wanderer entlang des Boddenufers. Wer von einem Regenschauer oder starkem Gegenwind überrascht wird, kann den Bus nutzen. Die mit einem H gekennzeichneten Busse der Linie 210 nehmen in der Saison bis zu 18 Räder auf einem speziellen Anhänger mit (außer E-Bikes). Auch Fahrgastschiffe nehmen in der Regel Fahrräder mit an Bord.

ÜBERNACHTEN

Die Auswahl an Unterkünften reicht vom Dünenzeltplatz bis zu familiengeführten Frühstückspensionen, von stilvollen Künstlerherbergen bis zum Luxusresort mit Balkon zum Meer und großzügigem SPA. Auch Ferienhäuser und -wohnungen gibt es in jeder Qualität und großer Zahl. Bei der Suche

nach dem passenden Quartier helfen die Gastgeberverzeichnisse, die man über die Kurverwaltungen, die Touristen-Infos beziehen bzw. im Internet herunterladen kann. Die Preisangaben der Übernachtungstipps beziehen sich jeweils auf das günstigste Doppelzimmer mit Frühstück in der Hauptsaison. Für die Hochsaison sollte man lange im Voraus buchen. Denn dann kann es schwierig sein, noch kurzfristig ein Zimmer zu bekommen. Je weiter man von der Küste entfernt ist, desto niedriger sind die Preise. Schnäppchen gibt es meist nur im Winterhalbjahr. Außerhalb der Saison bieten viele Hotels sehr günstige Pauschalangebote, Infos auch unter: www.auf-nach-mv.de.

UNTERWEGS AUF FISCH-LAND-DARSS-ZINGST

Stau auf der Bäderstraße und die ewige Parkplatzsuche (in der Saison) kosten Zeit und Nerven, ebenso die Bußzettel, die man wegen überschrittener Parkzeit kassiert, weil man sich nur schnell ein Fischbrötchen holen wollte.

Urlaub ist, wenn man zu Fuß und mit dem Rad unterwegs ist! Fahrradverleihe und -werkstätten finden sich in allen größeren Orten der Region. Wem der Wind entgegenbläst, kann den Bus nehmen: Die Verkehrsgesellschaft Vorpommern-Rügen mbH (VVR) bedient die Halbinsel Fischland-Darß-Zingst und den ländlichen Raum von Ribnitz-Damgarten bis nach Grimmen mit Linien nach Graal Müritz, Greifswald und Stralsund. Fahrpläne, Ausflugstipps und Aktuelles: www.vvr-bus.de Die Buslinie 210 führt von Ribnitz-Damgarten über Fischland-Darß-Zingst nach Barth, in der Saison werden sämtliche Orte der Halbinsel stündlich angefahren, außerhalb der Saison dagegen nur etwa alle 2 Stunden.

Die (Festland) Linie 211 verbindet Ribnitz-Damgarten via Löbnitz mit Barth. Die Linie 304 führt von Barth – Altenpleen – Mohrdorf – Barhöft – Stralsund und zurück, 4 x tgl. in den Ferien, öfter in der Schulzeit.

O-Ton Fischland-Darß-Zingst

Woll tau seihn

Schön, dich wohlauf zu sehen.

kommodig

ISENBAHNER

angenehm, bequem

Eisenbahner
Zugereister (per Zug)

En goden Happen

Ein guter Happen
Lecker

Stinkbüdel

Utkiek

Stinkstiefel

LUFTSNAPPERS

Ausguck

Luftschnapper
Urlaubsgäste

för'n Schnaps 'n Schnaps un nah'n Schnaps, 'n Schnaps

Verbrettert

Einer geht noch

Holzverschalung

n lütten Snack

hier bün ick to Hus

ein kleiner Schnack
Für einen kleinen Plausch sollte immer Zeit sein.

Hier bin ich Zuhause.
Das ist meine Heimat.

Register

Register

 **Das Klima im Blick**
Reisen bereichert und verbindet Menschen und Kulturen. Wer
reist, erzeugt auch CO_2. Der Flugverkehr trägt mit bis zu 10 % zur
globalen Erwärmung bei. Wer das Klima schützen will, sollte sich –
wenn möglich – für eine schonendere Reiseform entscheiden oder
die Projekte von atmosfair unterstützen. Flugpassagiere spenden
einen kilometerabhängigen Beitrag für die von ihnen verursachten
Emissionen und finanzieren damit Projekte in Entwicklungsländern,
die dort den Ausstoß von Klimagasen verringern helfen (www.
atmosfair.de). Auch die Mitarbeiter des DuMont Reiseverlags fliegen
mit atmosfair!

Abbildungsnachweis
Peter Adamik, Berlin: S. 120/5
Axel Attula, Ribnitz-Damgarten: S. 91, 97
Claudia Banck, Sukow: S. 18, 76, 102, 106
Fotolia, New York (USA): S. 37 (anneliese2013); 4 u., Umschlagklappe hinten (green-pabillon); 88/89 (haiderose); 11 (kitchenkiss.de); 4 o. (Schwerdt); 83 (Tina)
Frank Herrmann, Offenburg: S. 105
Huber-Images, Garmisch Patenkirchen: Titelbild, Faltplan, S. 7, 30 (Schmid)
Kur-und Tourismus GmbH, Zingst: S. 120/1
laif, Köln: S. 40 (Babovic); 84 (Jaeger); 48/49 (Kerber); 29 (Langrock/Zenit); 17, 57, 70 (Lengler); 74/75 (Modrow); 55 (Schwelle); 67 (Siemers); 53, 62 (Westrich); 45 (Zahn)
Look, München: S. 98 (Engel &Gielen); 8/9 (Olesinksi)
Mauritius Images, Mittelwald: S. 68 (age/Kirsch); 20 (imagebroker/Robiller); 51 (Mirau); 14/15 (Schwarz)
picture-alliance, Frankfurt a. M.: S. 120/6 (akg-images); 38, 101 (Büttner); 120/7 (de Noyelle/Godong); 120/4 (Gambarini); 81 (Hellwig); 42, 94 (Wüstneck)
Sabine Porsche, Wieck: S. 120/8
Paul Schreyer, Rostock: S. 46
Shutterstock, New York (USA): S. 87 (aldorado); 73 (lcrms); 22, 32 (LaMiaFotografia); 59 (penphoto); 27 (Weickart)
Edwin Sternkiker, Ribnitz Damgarten: S. 120/2
Wikimedia Commons: S. 120/3
Gerd Wolff, Prerow: S. 120/9
Zeichnung S. 3: Gerald Konopik, Fürstenfeldbruck
Zeichnung S. 5: Antonia Selzer, Stuttgart
S. 38 Installation von Hubertus von der Goltz, © VG Bild-Kunst 2017

Kartografie
DuMont Reisekartografie, Fürstenfeldbruck
© DuMont Reiseverlag, Ostfildern

Umschlagfotos
Titelbild: Bäume am Meer

Hinweis: Autorin und Verlag haben alle Informationen mit größtmöglicher Sorgfalt geprüft. Gleichwohl sind Fehler nicht vollständig auszuschließen. Alle Angaben erfolgen ohne Gewähr. Bitte schreiben Sie uns! Über Ihre Rückmeldung zum Buch und Verbesserungsvorschläge freuen sich Autorin und Verlag:
DuMont Reiseverlag, Postfach 3151, 73751 Ostfildern,
info@dumontreise.de, www.dumontreise.de

1. Auflage 2018
© DuMont Reiseverlag, Ostfildern
Alle Rechte vorbehalten
Autorin: Claudia Banck
Redaktion/Lektorat: Silke & Tobias Büscher
Bildredaktion: Nadja Gebhardt
Grafisches Konzept: Eggers+Diaper, Potsdam
Printed in China

Kennen Sie die?

Max Hünten

Der Landschaftsmaler und
Weltenbummler (1869–1936)
hinterließ Zingst einen Schatz.
In dem Ostseebad ist ein
grandioses Haus für Fotografie
nach ihm benannt.

Axel Attula

Der wissenschaftliche Leiter
des Bernsteinmuseums schätzt
nicht nur das Gold des
Nordens, seine Ausstellungen
erwecken auch ›Nonnenstaub‹
zum Leben.

**Martha
Müller-Grählert**

»Wo die Ostseewellen trecken
an den Strand«. Das Lied der
vorpommerschen Heimatdichterin (1876–1939) ging um
die Welt.

Joachim Gauck

In Wustrow hat der Jochen
seine Wurzeln. Übrigens:
Das Haus am Deich, in
dem er als Kind gelebt hat,
kann man mieten (www.
hausamdeich-wustrow).

Lutz Gerlach

Der Musiker und Komponist
verzaubert (solo und zu zweit)
mit Ulrike Mai am Piano sein
Publikum in Konzerten u.a. an
der Steilküste bei Ahrenshoop.

Albert Einstein

»Was macht die Zeit, wenn
sie verrinnt?« fragte sich der
Badegast, der in Ahrenshoop
seinen Urlaub ohne Telefon
und Zeitung genoss.

Grus Grus

Stolzer Gang, sechs Kilo
Gewicht. Der Graue Kranich
ist ein berühmter Übernach-
tungsgast auf dem Weg nach
Süden.

Uta Löber

Die Keramikerin führt im Haus
ihrer Großeltern in Althagen
bereits in dritter Generation
die hier entwickelte Fischlandkeramik weiter.

Gerd Wolff

Seine Führungen auf dem
Darß sind berühmt. Das
Credow des Naturführers
aus Prerow: Die Natur ist ein
Schatz, den man schätzen und
schützen muss.